Filsafat Teknologi Martin Heidegger Membongkar *Gestell*, Menemukan *Ereignis*

Rifqi Khairul Anam

EL-MARKAZI

Filsafat Teknologi Martin Heidegger Membongkar *Gestell*, Menemukan *Ereignis*

Penulis:
Rifqi Khairul Anam

Editor
Friska Cahya F.

Ukuran:
196 hlm, Uk: 15.5 cm x 23 cm

ISBN : 978-623-331-735-1 (PDF)

Cetakan Pertama:
Mei 2025

PENERBIT EL-MARKAZI
Kota Bengkulu, Provinsi Bengkulu 38211
Jl.RE.Martadinata RT.26/05 No.43 Pagar Dewa,
Website: www.elmarkazi.com
E-mail: penerbitelmarkazi@gmail.com

KATA PENGANTAR

Epos modern, dengan denyut kalkulasi tanpa henti yang merasuk hingga relung terdalam eksistensi, menghadapkan *Dasein* pada krisis fundamental. Di tengah bentangan layar digital yang menjanjikan kemudahan tanpa batas, tersembunyi modus penyingkapan yang lain: *Gestell*—kerangka pembingkaian yang tidak sekadar mengatur, melainkan menantang realitas agar menyerahkan diri sebagai *Bestand*, cadangan sumber daya dalam mekanisme efisiensi. Fenomena keseharian, termasuk laku konsumsi dalam arena belanja daring yang kian menggurita, menjadi manifestasi konkret dari cara kerja *Gestell* ini, sebuah cerminan epos yang mendera Ada manusia.

Penulisan buku ini lahir bukan dari sekadar minat akademis belaka, melainkan dari keharusan batin, sebuah panggilan sunyi untuk menapaki jalan *Denken* yang menolak berdiam dalam remeh-temeh permukaan. Jalan ini telah ditempuh, barangkali, selama satu dekade, dalam kesunyian pergulatan dengan teks-teks Martin Heidegger dan para pemikir yang berani berhadapan dengan ketiadaan (*Nichts*) dan pelupaan *Ada*. Ini adalah perjalanan refleksi, sebuah 'cermin air' filosofis, tempat penulis berani menatap kembali *Ada* di masa lalu dari perspektif masa kini, merasakan getaran pertanyaan paling asali yang menuntun pada pemahaman otentik siapa *Dasein* ini sesungguhnya di tengah pusaran zaman. Dari sinilah, dengan penempaan yang gigih, hasrat untuk mengartikulasikan pergulatan dan penyingkapan, tak terelakkan lagi muncul, mirip, barangkali, dengan 'ilham' yang mendesak seorang seniman untuk menuangkan gejolak jiwanya ke dalam karya.

Buku ini adalah perwujudan artikulasi tersebut. Dengan bertolak dari studi kasus belanja daring, ia membongkar secara filosofis bagaimana *Gestell*, berakar pada sejarah panjang metafisika dan *rechnendes Denken*, mengancam melenyapkan "hakikat Ada manusia yang unik dan singular sebagai *Dasein*" dengan mereduksi *Dasein* menjadi sekadar unit dalam algoritma, terasing dari makna otentik. Ia bukan sekadar analisis sosiologi konsumsi, melainkan penelusuran ke jantung krisis eksistensial yang mendera epos kita akibat *Seinsvergessenheit*.

Namun, penelusuran tajam ini tidak berhenti pada diagnosis belaka. Buku ini menyajikan tawaran radikal Heidegger sebagai jalan pembalikan: Berpikir Merenung (*Besinnliches Denken*) sebagai alternatif dari kalkulasi, yang berani berdiam dalam misteri (*Offenheit für das Geheimnis*). Ia juga memaparkan pentingnya Pelepasan terhadap segala sesuatu (*Die Gelassenheit*) sebagai sikap eksistensial di tengah dominasi teknologi. Ini adalah sikap-sikap yang memanggil *Dasein* untuk berani menghadapi pertanyaan fundamental dan merebut kembali *Ada* dari persembunyiannya di balik tirai digital, menegaskan kembali peran filsafat yang otentik berakar pada kehidupan sehari-hari, sebagai kompas kritis di era ini.

Buku ini adalah undangan. Undangan bagi setiap *Dasein* yang merasakan kegelisahan serupa untuk menolak kepuasan permukaan, menapaki jalan *Denken* otentik, dan bersama-sama menggali kembali kemungkinan *Ada* yang lain di tengah dominasi *Gestell*. Semoga karya ini dapat menemukan gema di hati para pembaca yang terpanggil pada penelusuran filosofis yang dalam.

DAFTAR ISI

BAB I: PENDAHULUAN

Mengawali penjelajahan yang menggali lebih dalam ke dalam labirin pemikiran Martin Heidegger tentang teknologi, buku ini menyoroti bagaimana esensi teknologi modern termanifestasi dalam fenomena kontemporer belanja daring. Di tengah pusaran zaman digital, di mana batas antara realitas fisik dan virtual semakin kabur, perilaku konsumsi daring telah menjelma menjadi sebuah gejala yang dapat menjadi objek penelitian, bukan hanya dalam ranah ekonomi, tetapi juga dalam konfigurasi filsafat teknologi. Studi kasus di Kota Surabaya dapat menjadi titik pijak empiris untuk menyingkap implikasi filosofis dari fenomena ini melalui lensa Heideggerian yang tajam.

Zaman kontemporer ditandai dengan hegemoni konsumerisme dan penetrasi teknologi digital yang merasuki setiap sudut kehidupan. Dalam pusaran ini, komoditas kehilangan otonomi nilai gunanya, terperangkap dalam jaring-jaring simbolik yang memanipulasi hasrat. Ia diburu bukan lagi karena keunggulan intrinsiknya, melainkan demi prestise artifisial yang disematkan padanya. Pembelian menjelma ritus pemujaan citra, di mana esensi kegunaan tereduksi menjadi sekadar alat penopang bagi kebanggaan dan gaya hidup yang dipaksakan. Alvin Toffler, seorang futurolog yang meramalkan arus zaman, telah melihat jauh ke depan tentang munculnya "perusahaan gaya hidup" yang secara sistematis membentuk preferensi dan identitas masyarakat melalui propaganda simbol-simbol di media massa. Entitas korporat ini, yang oleh Toffler disebut sebagai "perusahaan gaya hidup," adalah arsitek-arsitek zaman yang membangun kuil-kuil konsumsi, seperti halnya Amazon yang telah merevolusi lanskap perniagaan daring. Barang siapa gagal menjejaki jejak gaya hidup modern dalam lingkaran sosialnya akan terjerumus dalam jurang kesepian (*loneliness*) dan keterasingan (*alienation*), terlempar dari arus zaman. Lebih jauh, Toffler memperingatkan tentang krisis identitas yang mengintai, di mana manusia modern menghabiskan waktunya dalam pengejaran fatamorgana gaya hidup, melupakan fundamen eksistensial yang seharusnya menopang keberadaan mereka (Toffler, 1971: 371). Pakaian dan gawai genggam menjelma totem-totem kesamaan, penanda artifisial yang menentukan diterima atau ditolaknya seseorang dalam kasta sosial.

Belanja daring, sebuah fenomena yang lahir dari rahim teknologi informasi, menjelma bagian tak terpisahkan dari gaya hidup modern. Ia menawarkan pengalaman yang jauh berbeda dari transaksi tradisional yang berakar pada pemenuhan kebutuhan. Belanja daring justru merayu manusia untuk larut dalam euforia konsumsi itu sendiri, didorong oleh kemudahan akses melalui genggaman telepon, janji-janji diskon menggiurkan, dan perayaan hari belanja daring nasional yang menciptakan histeria konsumtif. Namun, di balik gemerlap etalase digital, mengintai bahaya perilaku belanja berlebihan (*compulsive buying*), yang dipicu oleh perubahan tren yang begitu cepat dan pemberitaan yang terus diperbarui oleh toko-toko daring. Sebuah mekanisme kontrol halus yang membisikkan ketakutan akan tertinggal dalam hiruk pikuk pergaulan jika seseorang tidak terus-menerus memperbarui diri dengan gaya hidup yang dipropagandakan. Kondisi ini membuka lebar pintu bagi perilaku belanja kompulsif (Choi, 2014: 247).

Bertolak dari premis sosiologis ini, buku ini menelisik lebih dalam argumen bahwa internet, dan khususnya halaman-halaman web, memproduksi kekosongan (*nothing*) (Ritzer, 2006: 182). Kata "kekosongan" di sini bukanlah sekadar ketiadaan, melainkan sebuah konstruksi sosial yang terstruktur, terkontrol secara terpusat, dan nihil akan substansi yang distingtif. Akibatnya, ambiguitas merajalela, batas antara keinginan dan kebutuhan kabur, dan homogenisasi menjadi arus utama (Ritzer, 2006: 3). Perubahan periodik pada headline toko daring adalah contoh konkret dari kontrol ini, sebuah paksaan terselubung untuk terus mengikuti arus produk terbaru.

Permasalahan filosofis yang mendasari buku ini adalah bagaimana belanja daring memproduksi kekosongan. Dalam ranah filsafat, "kosong" (*nihil*) berarti ketiadaan makna, karena seluruh ruang makna telah terbingkai. "Dibingkai" di sini mengacu pada proses di mana segala sesuatu yang hadir diungkap dan dihadirkan melalui distorsi yang bertujuan untuk memaksimalkan keuntungan. Dalam fenomena belanja daring, misalnya, esensi belanja sebagai pemenuhan kebutuhan terdistorsi menjadi perilaku pembelian yang tak terkendali atau kompulsif, disebabkan oleh manusia yang melupakan makna hakiki dari belanja dan mencari kesenangan semata dalam aktivitas konsumsi (Choi, 2014: 247).

Kata "perilaku" dalam konteks ini merujuk pada tindakan manusia dalam medan kehidupannya (*life-field*), termasuk gerakan tubuh dan tindakan yang muncul (*emerge*) dari interaksi manusia dengan dunianya (Merleau-Ponty, 1967: xv). "Belanja daring" adalah manifestasi teknologi dalam pemasaran elektronik (*e-commerce*), seperti halnya *internet mall* yang merupakan replikasi bisnis pusat perbelanjaan di dunia maya (Ritzer, 2006: 161). Dengan demikian, objek material penelitian ini, "perilaku belanja daring," adalah tindakan manusia dalam situasi berbelanja secara daring, dengan penekanan pada aspek "daring" sebagai perwujudan teknologi dalam aktivitas konsumsi.

Objek formal penelitian ini adalah filsafat teknologi. Menurut Borgman (2005: 420), filsafat teknologi Martin Heidegger menggali kondisi eksistensi manusia dalam cengkeraman dunia teknologi. Inti pemikiran Heidegger adalah bahwa teknologi modern merupakan instrumen untuk mengungkap alam dan manusia sebagai sumber daya yang dieksploitasi dalam proses produksi. Alasan peneliti memilih filsafat teknologi Heidegger sebagai lensa analisis adalah karena filsafat ini secara kritis mengupas hakikat teknologi. "Kritis" di sini berarti mempertanyakan esensi teknologi, bukan sekadar menggunakannya tanpa refleksi. Pertanyaan menjadi krusial di zaman kontemporer ini, karena bertanya adalah "kebajikan berpikir" (*piety of thinking*) (Heidegger, 1977: 33). Saat ini, segala sesuatu cenderung tidak lagi dipertanyakan, melainkan langsung dibingkai dalam prosedur-prosedur yang mengamankan hasil tanpa menggali makna kejadian di sekitar secara lebih mendalam (Heidegger, 1977: 118).

Heidegger, dengan analisisnya yang tajam dan radikal, menawarkan perspektif yang menantang terhadap pandangan umum tentang teknologi sebagai sekadar alat netral. Baginya, teknologi modern memiliki esensi yang lebih dalam dan berpotensi untuk membentuk kembali cara manusia berelasi dengan Ada dan dunia sekitarnya. Penelitian ini, dengan menjadikan perilaku belanja daring sebagai titik fokus empiris, bertujuan untuk menjawab pertanyaan-pertanyaan mendasar tentang implikasi filosofis teknologi modern menurut Heidegger:

- Bagaimana hakikat teknologi modern, sebagaimana dipahami oleh Martin Heidegger, termanifestasi dalam fenomena perilaku belanja daring?
- Bahaya-bahaya apa saja yang inheren dalam esensi teknologi modern (*Gestell*), dan bagaimana bahaya-bahaya ini terungkap dalam konteks praktik belanja daring?
- Apa akar filosofis dari pemahaman Heidegger tentang teknologi, dan bagaimana pemikirannya dapat memberikan wawasan atau bahkan tawaran solusi

terhadap tantangan-tantangan yang ditimbulkan oleh dominasi teknologi dalam kehidupan manusia?

Melalui analisis filosofis ini, buku ini diharapkan dapat memberikan kontribusi yang signifikan dalam beberapa hal. Pertama, bagi studi filsafat teknologi, buku ini menawarkan aplikasi konkret pemikiran Heidegger pada fenomena budaya digital yang spesifik. Kedua, bagi pemahaman yang lebih luas tentang dampak teknologi terhadap masyarakat, buku ini menyajikan perspektif kritis yang melampaui pandangan instrumentalistik yang umum. Ketiga, diharapkan buku ini dapat memicu refleksi yang lebih mendalam tentang bagaimana manusia dapat berelasi secara lebih otentik dengan teknologi di era modern ini. Untuk mencapai tujuan-tujuan tersebut, penelitian ini secara spesifik bertujuan untuk:

- Menganalisis hakikat teknologi modern dalam perspektif Martin Heidegger melalui studi kasus perilaku belanja daring.
- Mengidentifikasi dan mengkritisi bahaya-bahaya teknologi modern (*Gestell*) sebagaimana terwujud dalam praktik belanja daring.
- Mengeksplorasi landasan filosofis pemikiran Heidegger tentang teknologi dan potensi relevansinya untuk menghadapi tantangan zaman.

1.1. Latar Belakang Pemikiran Martin Heidegger

Latar belakang pemikiran Martin Heidegger tidak dapat dipisahkan dari konteks sosial Jerman pada periode 1870 hingga 1920. Kurun waktu ini ditandai oleh tiga peristiwa signifikan: kebangkitan industrialisasi di Jerman, Perang Dunia I (1914-1918), dan inflasi yang melanda Jerman pada tahun 1920 (Bhattacharya, 2018: 153-160).

Menurut Asoke Bhattacharya (2018: 153-155), kebangkitan industri di Jerman pada periode 1870-1900 ditandai oleh tiga indikasi utama. Pertama, adanya konsentrasi pada produksi. Dalam tiga dekade tersebut, Jerman bertransformasi menjadi negara industri, di mana proses pengolahan barang menggunakan mesin menjadi ciri utama. Revolusi industri yang bermula di Inggris menyebar dengan cepat ke Jerman, dan perubahan dari ekonomi agrikultur menuju industri kapital menjadi inti perkembangan negara ini. Industrialisasi terfokus pada peningkatan produksi, namun di sisi lain, ketersediaan pekerja menjadi terbatas. Migrasi penduduk dari pedesaan ke pusat-pusat industri untuk mencari pekerjaan menyebabkan desa-desa menjadi sepi dan para pekerja seni (*artisans*) terpinggirkan. Kedua, meningkatnya peranan bank sebagai perantara antara simpanan uang dan pemberian modal kepada perusahaan. Bank mengambil peran baru dalam memberikan pinjaman kepada para pemilik modal untuk memperluas industri, sebuah proses fundamental dalam politik penguasaan modal (*capital imperialism*). Ketiga, kemunculan modal finansial (*financial capital*) yang merupakan gabungan antara modal industri dan perbankan, menghasilkan suatu sistem monopoli. Sistem ini memberikan kekuatan yang sangat besar untuk mengontrol seluruh aspek industri dan pembagian pendapatan di antara para pemilik modal. Kekuatan modal finansial Jerman ini telah matang di dalam negeri.

Keterlibatan Jerman dalam Perang Dunia I (1914-1918) erat kaitannya dengan upaya memperluas modal finansial ini secara internasional. Pada tahun 1914, Jerman telah menguasai modal finansial di dalam negeri dan berambisi untuk meluas ke kancah internasional dengan memberikan pinjaman kepada negara-negara di Asia dan Amerika Latin. Namun, permasalahan muncul ketika Inggris dan Amerika Serikat, sebagai pemilik tanah jajahan di Asia dan Amerika Latin, berhadapan dengan ambisi Jerman ini. Konsekuensi dari persaingan ini adalah Perang Dunia I, yang menjadi puncak dari upaya pembagian kembali (*redivision*) dunia (Bhattacharya, 2018: 157).

Pada tahun 1918, Jerman mengalami kekalahan dalam Perang Dunia I, yang berujung pada perjanjian-kekalahan (*treaty-losses*), yaitu Perjanjian Versailles. Perjanjian ini mengharuskan Jerman kehilangan sebagian wilayah, sumber daya, dan modal. Jerman juga diwajibkan membayar kerugian luar negeri akibat perang. Akibatnya, bank-bank di Jerman mengalami kesulitan dalam mempertahankan modal finansial (Graham, 1967: 16-18) dan terpaksa melakukan pinjaman luar negeri untuk meminimalkan krisis keuangan. Namun, pada Januari 1920, tingkat bunga pajak internasional naik sebesar 6 persen, memicu kepanikan dan memaksa bank untuk mencetak lebih banyak uang, yang kemudian menyebabkan inflasi di Jerman pada tahun 1920 (Graham, 1967: 25).

Inflasi tahun 1920 di Jerman membawa dampak sosial berupa kegelisahan (*anxiety*) di masyarakat, terutama di kalangan masyarakat ekonomi kelas menengah (*middle class*) yang merasakan ketidakamanan ekonomi. Mereka dihantui oleh ketakutan akan kemiskinan dan kelaparan, yang pada gilirannya menimbulkan tekanan kejiwaan. Dalam situasi yang penuh ketidakpastian ini, bunuh diri dipandang sebagai jalan keluar. Dengan demikian, dampak inflasi Jerman tahun 1920 adalah kegelisahan di masyarakat, dan untuk menghindarinya, sebagian orang Jerman menerima bunuh diri sebagai jalan penyelamatan (*salvation*) (Bhattacharya, 2019: 160).

Kondisi sosial Jerman pasca-Perang Dunia I dan kegelisahan yang melanda masyarakat memberikan pengaruh yang signifikan terhadap filsafat Martin Heidegger. Heidegger membawa permasalahan ini ke dalam kuliah musim panas tahun 1919 yang berjudul *On The Essence Of The University*

And Academic Studies. Dalam kuliah tersebut, Heidegger menekankan ilmu sebagai keterlibatan aktif menuju pengungkapan masalah, bukan sekadar penyelesaian produk teori. Penelitian fenomenologi berusaha membangkitkan kepedulian terhadap situasi kehidupan sehari-hari dari kehidupan intelektual seseorang dan mengambil tindakan secara efektif (Kisiel, 1995: 63).

1.2. Riwayat Hidup Martin Heidegger

Martin Heidegger dilahirkan pada tanggal 26 September 1889 di Messkirch, sebuah kota kecil di Jerman selatan. Ayahnya, Friedrich Heidegger, bekerja sebagai pembuat tong (*master cooper*) sekaligus penjaga gereja (*sexton*). Ibunya, Johanna Kempf, berasal dari desa tetangga, Goggingen. Keluarga Heidegger memiliki akar dari Austria pada abad kedelapan belas dan kemudian menjadi penjaga gereja di Messkirch, yang memberikan latar belakang spiritual bagi kehidupan Heidegger (Safranski, 1998: 2-3).

Messkirch menjadi latar belakang penting dalam kehidupan Heidegger. Kota ini terletak di antara pegunungan Alb Swabian dan danau Constance. Meskipun tergolong kota miskin, karakter penduduk Messkirch dikenal lebih ceria dan terbuka. Messkirch jauh dari kehidupan modern, dengan penduduknya yang lebih erat terikat pada pekerjaan pertanian dan pertukangan. Masa kecil Heidegger sangat dipengaruhi oleh lingkungan pedesaan dan pegunungan yang menjadi lanskap kehidupannya (Safranski, 1998: 3-4).

Keluarga Heidegger termasuk keluarga yang kurang mampu di Messkirch. Gereja memberikan beasiswa pendidikan kepada Heidegger dari tahun 1903 hingga 1909, pertama di Constance (1903-1906) dan kemudian dilanjutkan di Freiburg (1906-1909) (Davis, 2010: 260). Pada tahun 1909, Heidegger masuk sebagai mahasiswa teologi di Universitas

Freiburg. Namun, setelah tiga semester menjalani studi teologi yang intensif bersamaan dengan masalah filosofis, Heidegger mengalami masalah kesehatan, yaitu gangguan jantung. Pada tahun 1911, setelah pulih dari sakitnya, Heidegger memfokuskan diri pada studi filsafat, sambil mengikuti beberapa kuliah di departemen ilmu alam dan matematika (Kisiel, 2010: 7-8).

Pada tahun 1913, Heidegger menyelesaikan disertasi doktornya di bawah bimbingan Heinrich Rickert dengan judul *The Doctrine of Judgment in Psychologism*. Disertasi ini membahas tentang logika modern dan filsafat Aristotelian-Skolastik dalam upaya mencari dasar putusan dalam logika dan epistemologi (Kisiel, 2010: 9).

Pada tahun 1915, Heidegger menyelesaikan habilitasi (*postdoctoral* dan lisensi mengajar universitas di Jerman) dengan disertasi berjudul *The Doctrine of Categories and Meaning in Duns Scotus*. Disertasi ini menawarkan interpretasi baru mengenai pemikiran Skolastik abad pertengahan dan membuka pemahaman tentang isi pemikiran abad pertengahan dan mistisisme melalui konsep-konsep fenomenologi dan pemikiran Neo-Kantian (Buren, 1994: 54).

Pada Februari 1927, buku utama pertama Heidegger, *Sein und Zeit* (*Being and Time*), diterbitkan oleh penerbit Max Niemeyer. Publikasi ini membuat Heidegger menjadi terkenal dan sekaligus mendapatkan promosi sebagai profesor di Marburg. Pada tahun 1936-1938, Heidegger menulis buku utama keduanya, *Beiträge zur Philosophie* (*Contributions to Philosophy*). Buku ini berisi evaluasi kembali pemikiran Heidegger dalam *Being and Time*, namun baru diterbitkan pada tahun 1989 oleh penerbit Klostermann di Frankfurt am Main. Martin Heidegger meninggal dunia pada tanggal 26 Mei 1976 di Freiburg dan dimakamkan pada tanggal 28 Mei 1976 di Messkirch (Davis, 2010: 262).

1.3. Karya-karya Martin Heidegger

Heidegger menulis tiga buku yang tidak berasal dari materi kuliah dan esai, yaitu: 1) *Sein und Zeit* (1927), yang diterjemahkan menjadi *Being and Time* (1962); 2) *Kant und das Problem der Metaphysik* (1929), yang diterjemahkan menjadi *Kant and the Problem of Metaphysics* (1962); dan 3) *Beiträge zur Philosophie (Vom Ereignis)*, yang ditulis antara tahun 1936 dan 1938 tetapi baru dipublikasikan pada tahun 1989.

Seluruh karya Heidegger terkumpul dalam edisi kolektif (*Gesamtausgabe*), dengan motto "jalan, bukan kerja" (*Ways, Not Works*). Motto ini mengisyaratkan bahwa keseluruhan buku, esai, dan perkuliahan yang diberikannya merupakan jalan bagi pembacanya untuk menemukan jalannya sendiri (Davis, 2010: 4). Beberapa koleksi buku terkenal yang digunakan dalam penelitian ini antara lain:

- GA 3: *Kant und das Problem der Metaphysik*. Frankfurt am Main: Klostermann, 1991. (Terjemahan: *Kant and the Problem of Metaphysics* (trans: James S. Churchill). Bloomington. Indiana University Press. 1962).
- GA 6 (terdiri dari 4 volume):
    - *Nietzsche, Volume One: The Will to Power as Art* (Trans: David Farrell Krell). New York. Harper & Row. 1979.
    - *Nietzsche, Volume Two: The Eternal Recurrence of the Same* (Trans: David Farrell Krell). New York. Harper & Row. 1984.
    - *Nietzsche, Volume Three: The Will to Power as Knowledge and as Metaphysics* (Trans: David Farrell Krell). New York. Harper & Row. 1987.

- *Nietzsche, Volume Four: Nihilism* (Trans: Frank A. Capuzzi). Diedit oleh David Farrell Krell. New York. Harper & Row. 1982.

- GA 7: *Vorträge und Aufsätze*. Frankfurt am Main: Klostermann, 1954. (Terjemahan: *The Question Concerning Technology And Other Essays*. (Trans: William Lovitt). New York. Harper&Row. 1977).
- GA 13: *Einführung in die Metaphysik*. Frankfurt am Main. Klostermann, 1997. (Terjemahan: *Introduction to Metaphysics* (trans. G. Fried and R. Polt). New Haven, CT. Yale University Press. 2000).
- GA 20: *Prolegomena zur Geschichte des Zeitbegriffs*. Frankfurt am Main: Klostermann, 1979. (Terjemahan: *History of the Concept of Time* (Trans: T. Kisiel). Bloomington. Indiana University Press. 1985).
- GA 26: *Metaphysische Anfangsgründe der Logik*. Frankfurt am Main: Klostermann, 1978. (Terjemahan: *The Metaphysical Foundations of Logic* (Trans: M. Heim). Bloomington. Indiana University Press. 1984).
- GA 29/30: *Die Grundbegriffe der Metaphysik: Welt, Endlichkeit, Einsamkeit*. Frankfurt am Main: Klostermann, 1983. (Terjemahan: *The Fundamental Concepts of Metaphysics: World, Finitude, Solitude* (Trans: W. McNeill and N. Walker). Bloomington. Indiana University Press. 1995).
- GA 45: *Grundfragen der Philosophie: ausgewählte "Probleme" der "Logik."* Frankfurt am Main: Klostermann. 1984. (Terjemahan: *Basic Questions of Philosophy. Selected "Problems" of "Logic"* (Trans: R. Rojcewicz and A. Schuwer). Bloomington. Indiana University Press, 1994).
- GA 56/57: *Zur Bestimmung der Philosophie*. Frankfurt am Main: Klostermann. 1987. (Terjemahan: *Towards the Definition of Philosophy* (Trans: T. Sadler). London. Continuum. 2008).

- GA 61: *Phänomenologische Interpretationen zu Aristoteles/Einführung in die phänomenologische Forschung*. Frankfurt am Main: Klostermann, 1985. (Terjemahan: *Phenomenological Interpretations of Aristotle* (Trans: R. Rojcewicz). Bloomington. Indiana University Press. 2001).
- GA 65: *Beiträge zur Philosophie (vom Ereignis)*. Frankfurt am Main. Klostermann. 1989. (Terjemahan: *Contribution To Philosophy (From Enowning)* (Trans: Parvis Emad & Kenneth Maly). Bloomington & Indianapolis.Indiana University Press. 1999.)
- SZ: *Sein und Zeit*. Tübingen. Niemeyer. 1957. (Terjemahan: *Being and Time* (Trans: J. Stambaugh). Albany. State University Of New York Press. 1996).

BAB II: LATAR BELAKANG PEMIKIRAN YANG MEMENGARUHI FILSAFAT MARTIN HEIDEGGER

2.1. Heraklitus (540 SM – 480 SM)

Keseluruhan pemikiran Heidegger adalah pencarian arti dan asal Ada, kata "Ada" artinya dasar yang membuat kehadiran sesuatu. Heidegger mencari pemahaman tentang arti "Ada" kembali kepada filsafat Yunani sebelum Plato, untuk membaca filsafat non-metafisika, Heidegger mencoba menanyakan asal pemikiran mengenai "Ada" dalam beberapa pemikir sebelum Plato. Parmenides dan Heraklitus merupakan dua pemikir yang hidup tahun 540 dan 515 sebelum masehi. Pemikiran keduanya sangat penting, muncul dalam cara yang unik dan juga disebut pemikir primitif. Para pemikir permulaan ini dianggap pemikir primitif sebab mereka berkelindan bersama ketidakpastian apa yang menampak tanpa mempersoalkan dan menyusun masalah kebenaran sebagai ketepatan mewakili. Pengungkapan filosofis hadir dalam karakter ucapan mereka yang berbentuk kata-kata puitis, yang melambangkan pernyataan penuh pikir berkaitan sebuah pertanyaan filsafat (Heidegger,1992b: 1).

Heraklitus merupakan orang yang pertama menyusun konsep tentang *logos* sebagai yang mempertahankan keteraturan. *Logos* memampukan sesuatu mengejawantahkan (*manifest*) sebagai sesuatu, misalnya, pembuatan minuman anggur merupakan membuat anggur menjadi anggur fermentasi, *logos* ini berasal dari pola keteraturan berdasar praktek budaya. Heidegger melihat Heraklitus melihat *logos* yang merupakan keapaan keseluruhan entitas, hal ini terkenal dengan ungkapan "*hen panta*" atau semua adalah satu. Semua adalah satu (*hen panta*) yang dimaksud adalah kesatuan apa yang hadir, meskipun dalam pertentangan, sesuatu yang terpisah dan saling berlawanan satu dan lainnya, akan selalu terdapat satu kesatuan, misalnya: siang dan malam, damai dan perang, semua adalah satu, bahkan yang berlawanan akan bisa ditemukan ikatannya (White, 2005: 127).

Heidegger melihat Heraklitus tidak hanya mengetahui arti Ada sebagai apa yang hadir ke hadapan seseorang di dalam konsep *logos*, Heraklitus bahkan melangkah lebih jauh dalam melihat arah logos, yang dapat dirangkum dalam perkataan "*panta rhei*" atau segalanya mengalir. "Segalanya mengalir" bukan berarti segalanya hanya berubah, murni tanpa konsistensi, melainkan, itu artinya keseluruhan yang ada terlempar dari satu posisi ke posisi lainnya dalam pertentangan tanpa henti (*conflicting unrest*), tetapi meskipun yang berlawanan ini dapat dicari ikatan bersama yang mengumpulkan mereka (Heidegger, 2000a:142).

Titik tekan utama pemikiran Heraklitus yang diambil oleh Heidegger adalah "*logos*." Heidegger menafsirkan "*logos*" sebagai *legein*, yaitu mengumpulkan apa yang telah ada sebelumnya (*gathering letting-lie-before*). "Mengumpulkan apa yang telah ada sebelumnya" artinya apapun yang telah ada sebelum kita, melibatkan kita dan menjad perhatian kita (White, 2005:128). *Legein* merupakan meletakkan artikulasi pembicaraan, yang mana mengatakan (*saying*) dan mengobrol (*talking*) terjadi bersamaan sebagai mengungkapkan apa yang sudah ada sebelumnya menjadi hadir (Heidegger, 1984c: 63). Berdasar kata "*logos*" sebagai *legein* ini, Heidegger nantinya kemudian menyusun penalaran melingkar (*circular reasoning*), bahwa apa yang kita pahami merupakan dasar kita menafsirkan, berdasar apa saja yang telah ada di sekitar kita. Penalaran melingkar menjadi pokok bahasan dalam bab struktur formal pertanyaan arti "Ada" dan hubungannya dengan *dasein*, yang terdapat dalam buku *Being and Time* (Heidegger, 2001a: 27).

2.2. Parmenides (lahir 515 SM)

Apa yang paling Heidegger ambil dari pemikiran Parmenides adalah mengenai kalimat "*to gar auto noein estin te kai einai*" berkaitan prinsip berpikir yaitu: prinsip kesamaan. Prinsip kesamaan (*principle of identity*) merupakan kunci yang memegang landasan berpikir pemikiran Eropa. Secara mendasar prinsip ini mengatakan kesamaan merupakan karakter mendasar kehadiran entitas. Filsafat menjadi pencarian kesamaan di mana pun entitas berada. Filsafat, jika tidak membuat klaim ini, dapat dikatakan belum menemukan arti kehadiran dari keberadaan entitas (Heidegger, 1969: 26).

Heidegger melihat kembali prinsip ini menggunakan filsafat Parmenides. Prinsip kesamaan yang biasa mengatakan bahwa kesamaan menjadi sifat kehadiran, tetapi dalam filsafat Parmenides, hal ini terbalik, "Ada" terletak di dalam kesamaan adanya sesuatu dan apa yang dipikirkan seseorang mengenai adnya sesuatu. berdasarkan kata "sama" (*to auto*) sebagai milik bersama (*belonging together*) adanya sesuatu dan apa yang dipikirkan seseorang mengenai adanya sesuatu (Heidegger, 1969: 28). Sebuah contoh mungkin dapat membuat lebih jelas, telah ada pada masa Parmenides, orang-orang menjawab penyusun segala yang hadir di dunia, tetapi mereka menjawab sejauh apa yang terlihat di mata tanpa mengklaim mewakili, ada Thales yang menjawab keseluruhan yang Ada adalah air, apa yang dipikirkan thales merupakan pengungkapan apa yang hadir di dalam pikirannya dan sekaligus memang banyak hal tersusun dari air, tetapi juga tidak semua.

Kalimat "*to gar auto noein estin te kai einai*", dari Parmenides Heidegger alih bahasa kalimat sebagai: "tapi berpikir dan Ada adalah sama" (*but thinking and Being are the same*). Berdasar kata-kata Parmenides, artinya kata "berpikir" (*noein*) bukan sekedar berpikir, melainkan sebagai mencerap (*apprehend*) apa yang hadir dan memikirkan hal tersebut dan merasakan arti suatu keseluruhan sehingga terungkap suatu keseluruhan (Heidegger, 2000a: 150). Artinya, apa yang dimaksud "kesamaan" adalah kesesuaian antara apa yang dipikirkan dan adanya sesuatu sebagai keseluruhan. Manusia mencerap (*to apprehend*) situasi (*state of affairs*) dan secara spontan (*receptive*) dan merasakan arti keseluruhan berdasar sesuatu yang nampak di hadapannya. Sehingga terdapat kesesuaian antara apa yang dipikir seseorang dan kehadiran sesuatu (Heidegger, 1969: 32).

2.3. Plato (428 SM – 348 SM)

Pengaruh utama Plato terhadap Heidegger ada tiga: perjuangan plato mendirikan konsep metafisika, kebenaran, dan juga arti menjadi seorang filsuf, hal ini tercermin dalam kiasan (*allegory*) gua dari buku ke tujuh yang berjudul Republik, pada halaman 514a-517b (Heidegger, 2010a: 101). Secara umum kiasan gua menceritakan manusia tinggal di sebuah gua, tangan dan kaki terkekang oleh rantai, dan hanya bisa melihat ke depan yaitu dinding gua. Manusia hanya bisa melihat bayangan dari pantulan matahari di belakangnya. Ketika seseorang dapat keluar dari gua tersebut, dia melihat cahaya matahari. Arti kiasan di atas, manusia pada umumnya hanya memedulikan urusan sehari-hari tanpa hasrat merasakan arti keseluruhan yang hadir ke hadapannya. Seorang filsuf adalah seorang manusia yang mampu keluar dari urusan sehari-hari dan mampu melihat arti seluruh entitas (Heidegger, 2010a: 101).

Pertama, bangunan metafisika Plato yaitu keseluruhan apa yang hadir adalah ide. Kata "ide" (*the idea*) berasal dari kata Yunani ἰδέα (εἰδεῖν), dalam bahasa latin *videre*, yang berarti melihat, ἰδέα berarti: apa yang terlihat dalam melihat (*what is seen in seeing*). Melihat artinya mencerap sesuatu dengan mata, tetapi mencerap bukan berhenti pada sensasi (*sensation*), melainkan sudah termasuk penafsiran dari apa yang dicerap. misalnya melihat sebuah buku, kita tidak merasakan warna dari buku tersebut, melainkan arti buku itu buat kita, misal buku pelajaran untuk dipelajari (Heidegger, 2010a: 116).

Orang Yunani menyebut apapun yang menampak sebagai kehadiran, kehadiran setara dengan Ada (*Being*). Ada sebagai ide, yaitu suatu gambaran di dalam pikiran mengenai sesuatu. Ide diperoleh dari pemahaman mengenai sesuatu, pemahaman diperoleh dari keterlibatan (*comportment*) dengan segala sesuatu dalam kehidupan sehari-hari sehingga sudah mengetahui sesuatu secara maju atau secara sederhana, sudah memahami apa yang dilihat (Heidegger, 2010a: 117).

Memahami sesuatu berhubungan dengan ide. Ide berhubungan dengan pemikiran teoritis (*θεωρία*), mencerap pada tingkat paling luas. Pemikiran manusia seperti cahaya yang mengalir secara alami (*lumen naturale*). Berpikir memampukan gambaran penginderaan sebagai ide, sebagai keapaan barang sesuatu (*what a thing*) yang dilihat mata. Seseorang harus sudah memiliki pemahaman secara maju mengenai sesuatu agar dapat melihatnya sebagai sesuatu (Heidegger, 2010a: 117).

Heidegger (2010a: 133) mengatakan: "*The ideas, then, let the opennes of beings arise with them.*" Peneliti menasirkan ide merupakan apa yang terungkap bersama kehadiran entitas; tetapi, apa yang dilihat dalam sesuatu itu sendiri tidak bisa menjadi ide oleh sesuatu itu sendiri. Ide hanya bisa terungkap melalui apa yang sudah dipahami. "Melihat" ide merupakan mengungkapkan pemahaman untuk menyusun arti sesuatu (Heidegger, 2010a: 133). Ide kemudian menjadi apa yang dilihat dari sesuatu yang dipahami, yaitu apanya sesuatu (*what-being*) yang menampak dari mereka (Heidegger, 2010a: 122).

Plato kemudian membicarakan ide kebaikan (*agathon*) sebagai ide tertinggi di dalam buku ke 6 dari buku *Republic*. Berdasarkan Heidegger, kata "baik" tidak tidak mengacu kepada arti moral. Kebaikan (*The good*), bagi orang Yunani, tidak berlawanan dengan jahat (*the evil*) atau dosa (*sinful*). Gagasan dosa yang dilawankan dengan kebaikan muncul dalam kepercayaan kristiani. Ide kebaikan bagi orang Yunani adalah berdiri kokoh (*stand firm*), artinya berani mengambil posisi dan memberikan tempat secara kokoh kepada orang lain untuk berdiri untuk mengatakan sesuatu sebagai sesuatu (Heidegger, 2010a: 147).

Plato membicarakan seorang filsuf adalah manusia yang telah sampai pada ide kebaikan, artinya seorang filsuf merupakan orang yang telah sampai pada kekokohan diri untuk memegang prinsip. Seorang filsuf (*philosopher*) merupakan orang yang mencari struktur dasar (*essence*) dari kehidupan sehari-hari; orang banyak (*masses*) tidak mampu melihat melampaui kehidupan sehari-hari. Filsuf bukan orang biasa, melainkan orang yang memahami permasalahan dari akarnya dan mengambil keputusan untuk menetapkan standar. Filsuf merupakan seorang pembebas (*liberator*) artinya seorang filsuf merupakan seseorang yang telah memiliki jalan mengada sendiri dan mengambil posisi dengan mempertimbakan keseluruhan yang ada, berusaha menanyakan dan memberi tahu kepada komunitasnya melampaui apa yang menampak dari kehidupan sehari-hari untuk dapat diungkap (Heidegger, 2010a: 147).

Plato sendiri melalui kiasan gua, ingin mengingatkan kematian Sokrates. Sokrates sebagai seorang filsuf adalah seorang pembebas (*liberator*), kalimat "seorang pembebas" artinya seseorang yang selalu menanyakan segala sesuatu, seorang filsuf membebaskan pikiran seseorang maupun banyak orang yang terkurung dalam pemahaman yang telah aman diterima oleh semua orang tanpa ditanyakan lagi. Filsuf adalah seorang pembebas yang berada di tengah-tengah masyarakatnya, kata "pembebas" artinya filsuf adalah orang yang secara kritis bertanya kepada orang di sekitarnya mengenai sesuatu hal yang dia anggap itu persoalan tetapi diabaikan untuk diterima begitu saja. Sehingga, merupakan sesuatu yang dibuat-buat bila seorang filsuf duduk di meja belajarnya dan menyibukkan dirinya dengan pikirannya sendiri (Heidegger, 2010a: 140).

2.4. Aristoteles (384 SM – 322 SM)

Heidegger melihat banyak variasi mengatakan "Ada" dalam pemikiran Aristoteles. Kata "Ada" memiliki banyak arti, misalnya ada di tangan atau benar-benar ada, atau di dalam bentuk linguistik, di dalam kata Jerman kata "*straus*" bisa berarti burung, buket bunga atau penolakan, bentuk oral dan tulisan kata ini sama hanya konteks yang dapat membedakan. Berdasar Aristoteles, Heidegger mendapat pemahaman bahwa "Ada" bukan genus dan itu tidak bisa dirangkum dalam sebuah konsep maka secara prinsip pembentukan "Ada" menjadi satu nama konsep pada dasarnya kegagalan. "Ada" merupakan kehadiran entitas yang hadir ke hadapan manusia dalam kehidupan sehari-hari, "Ada" bisa menjadi "terdapat burung di langit" atau "terdapat ikan di laut" semua di dalam Ada (Heidegger, 1995b: 27-29).

Heidegger mengambil dari Aristoteles tentang keapaan (*ousia*) tidak terlepas dari kehidupan sehari-hari. Istilah "*ousia*" secara mendasar berhubungan dengan kehadiran (*presence*). Kehadiran memiliki arti apa yang familiar dalam kehidupan sehari-hari; artinya keapaan (*ousia*) berdasarkan *phusis* bukan suatu pengetahuan yang abstrak melainkan mengetahui bagaimana berurusan dengan objek sehari-hari. Heidegger menemukan di dalam pemikiran Aristoteles bahwa ide (*ἰδέα*) tidak terlepas dari aktivitas manusia di dunia yang terungkap dalam kehidupan sehari-hari. Aristoteles melihat keteraturan dari apa yang muncul di dunia (*phusis*), Aristoteles memberi nama "bentuk" (*form/morphe*) sebagai elemen krusial yang memberi keteraturan di dalam *phusis*, dan "isi" (*hule*) sebagai sesuatu yang dapat di atur (White, 2005:138).

Secara mendasar, Heidegger melihat dalam pemikiran Aristoteles lebih dekat dengan permulaan filsafat Yunani, yang mana memiliki kedekatan dengan alam yang berkembang (*phusis*), tidak sekadar apa yang konstan di dunia ide, tetapi apa yang hadir disekitar manusia, inilah permulaan filsafat orang-orang Yunani yang Heidegger petik dari pemikiran Aristoteles, bahwa filsuf merupakan pemikir yang menunjukkan sesuatu yang bertahan di dalam dirinya. Berbeda dengan Plato, Aristoteles melihat sesuatu di dalam diri bukan berasal dari dunia ide di surga, melainkan apa yang ditemui dalam kehidupan sehari-hari sebagai apa yang nyata kita temui. Heidegger melihat berdasarkan pemikiran Aristoteles, bahwa, filsafat tidak sekedar berhubungan dengan yang abstrak, tetapi sebagai bentuk aktivitas manusia berhubungan dengan entitas lainnya (White, 2005:137-138).

2.5. Rene Descartes (1596-1650)

Secara mendasar filsafat Heidegger merupakan perlawanan dari filsafat Descartes. Terdapat dua pandangan mendasar yang menjadi titik tolak perbedaan dari keduanya, yaitu:

2.5.1. Matematika Sebagai Dasar Metafisika Modern

Descartes mendapatkan pendidikan filsafat pertama kali dari Yesuit (*Jesuit*) di *Lafleche*. Descartes mempelajari matematika sebagai dasar berpikir, terbukti pada buku *meditationes de prima philosophia* (1961) membicarakan mengenai proposisi mengenai pembentukan keapaan sesuatu sebagai kategori (Heidegger, 1967: 99). Descartes mencari dasar kepastian metafisika dengan cara matematika. Kata "matematika" berdasar kata yunani *ta matemata*, yang berarti apa yang bisa dipelajari, dan di saat yang sama, apa yang bisa diajarkan. Hakikat "matematika" memiliki dua arti. Pertama, apa yang bisa dipelajari dalam cara yang sudah ditunjuk, dan hanya lewat cara tersebut. Kedua, cara mempelajari dan proses berdasar sesuatu yang sudah terberi dan seharusnya sudah terberi. Contoh matematika adalah angka, angka "tiga" tidak memberi tahu tiga kursi atau tiga apel yang hadir dihadapan seseorang, angka "tiga" merupakan urutan alamiah dari angka yang berada di tempat ketiga. Angka merupakan sesuatu yang dapat dipelajari dari dirinya sendiri tanpa kembali pada sesuatu (*things*) (Heidegger, 1967: 74-75).

Descartes pertama kali meletakkan keraguan terhadap keseluruhan yang ada. Sejauh aku meragukan keseluruhan yang ada, harus diakui aku tidak meragukan keberadaanku (*I am*) yang meragukan. Descartes membentuk keraguan untuk sampai kepada sesuatu yang tidak dapat diragukan, yaitu aku sendiri yang sedang berpikir untuk meragukan, Descartes membawa subjektivitas manusia naik menjadi pusat yang tidak dapat diragukan. Descartes tidak meragukan keseluruhan ada karena dia seorang skeptis; melainkan, dia harus menjadi orang yang meragukan karena dia ingin mencari kepastian dan dasar mutlak dalam pencarian seluruh pengetahuan (Heidegger, 2010a: 30-31).

Descartes menemukan prinsip tertinggi untuk keapaan sesuatu di dalam pernyataan "*Cogito ergo sum*" atau "aku berpikir maka ada", aku berpikir (*cogito*) memberikan dasar

Ada (*sum*), hanya di saat berpikir keberadaan manusia terbentuk. Aku Berpikir, Ada (*Cogito, Sum*) merupakan kepastian tertinggi dalam keberadaan manusia yang selalu hadir secara objektif (*present at hand*) berdasar prinsip kepastian (Heidegger, 2010a: 31).

Heidegger melihat formula pernyataan metafisika "aku berpikir maka Ada" ("*Cogito ergo sum*") merupakan kesalahpahaman. Premis minor: aku berpikir (*cogito*); kesimpulan: maka Ada (*ergo sum*). Premis mayor hanya berupa generalisasi dari proposisi: "berpikir-Ada". Descartes tidak menjelaskan apa artinya Ada (*Being*) sebagai proposisi mayor. Descartes sebaliknya membentuk aku (*I*) sebagai kesadaran. Aku sebagai kesadaran merupakan pembentuk kehadiran sesuatu. Descartes membentuk aku sebagai kesadaran, dan sebagai subjek khusus yaitu *subjectum* (Heidegger, 2010a: 33). *Subjectum* adalah semua yang sudah ada sebelum kita ada, manusia sebagai subjek artinya seorang manusia yang menjadi pusat dengan mempertimbangkan cara mengadanya untuk mewakili manusia secara keseluruhan dan bersifat objektif; sederhananya aku sebagai subjek merangkum keseluruhan manusia melalui pemikiran objektif (Heidegger, 1977: 128). Dengan kata lain, apa yang dipikirkan seseorang harus dapat diterima oleh semua orang. Berdasarkan ini Descartes mendirikan filsafat dipandu matematika untuk mencari kepastian mengenai apa yang selalu sudah ada sebelumnya dan tidak akan berubah di masa depan (Heidegger, 2010a: 35).

Oleh karena itu, Heidegger (2010a: 29-33) melihat fondasi filsafat berdasarkan sesuatu yang murni sederhana, membuat permasalahan filsafat menjadi di bawah metode matematika. Sebab metode keraguan ini sebenarnya hanyalah ilusi, Descartes meletakkan praanggapan manasuka, dan bahkan tidak membuat usaha untuk mengartikan apa yang menjadi pertanyaan dasar filsafat, yaitu pertanyaan mengenai apa arti

"Ada." Alasan metode keraguan merupakan ilusi telah sampai kepada akar filsafat adalah metode keraguan itu sendiri merupakan tautologi dengan bentuk dasar berpikir manusia secara umum, dengan kata lain di balik metode keraguan, berdiri secara penuh opini tidak berdasar bahwa pertanyaan dan karakter pengetahuan filsafat berdasar metode matematika untuk mencari kepastian yang tidak dapat diragukan. Heidegger melihat filsafat tidak di bawah metode matematika maka urusan pertama filsafat bukan mencari metode yang memastikan ketepatan jawaban, melainkan bangunan filsafat pertama kali terletak dalam kebajikan berpikir, yaitu bertanya, bertanya mengenai apa arti kehadiran di hadapan seseorang dan membawanya kepada keseluruhan, itu membuat seseorang untuk berada di posisi tidak aman. Maka, ketika Descartes datang dengan menyusun metode untuk dapat menghadirkan titik pijak aman untuk mendapatkan kepastian berdasar pencarian apa yang sudah ada di masa lalu dan tidak akan berubah di masa yang akan datang, itu menjadi semacam ilusi bahwa akar filsafat berhasil digenggam.

2.5.2. Penafsiran Mengenai "Dunia"

Fenomena berkaitan struktur entitas sebagai keseluruhan disebut "dunia" (*"world"*). Descartes melihat dunia terbagi tiga "substansi" (*"subtance"*), substansi berarti sesuatu penyusun yang tidak membutuhkan sesuatu yang lain untuk menjadi (Heidegger, 2001a: 125). Descartes membatasi terdapat tiga substansi, yaitu: 1) substansi keluasan (*res extensa*), yaitu entitas dunia yang membentuk keseluruhan alam (*nature*), 2) substansi berpikir (*res cogitans*), artinya kesadaran manusia untuk mencerap entitas sebagai ide, 3) substansi tidak terbatas (*subtantia infinita*) yaitu Tuhan, Tuhan merupakan kesempurnaan yang memberikan pengetahuan (Heidegger, 1985: 174-175).

Descartes melihat substansi keluasan (*extention*) sebagai substansi pembentuk dunia, apa yang meruang selalu memiliki keluasan. Keluasan merupakan apa yang menentukan adanya dunia sehingga yang lain dapat ada. Descartes mendapat ide substansi keluasan berdasar pencarian ketepatan pengetahuan berkaitan tempat (*place*). Descartes mencari arti "dunia" yang dapat dibuktikan secara matematika dengan dasar konsep universal, misalnya konsep bentuk (*figura*) dan gerak (*motus*). Substansi keluasan berasal ketepatan membaca alam (*nature*) lewat ukuran kalkulatif (*calculative measurement*), yaitu semua yang menampak di alam bisa dijelaskan lewat pengukuran keluasan (Heidegger, 1985: 176-177).

Descartes tidak melihat bagaimana untuk mendapatkan akses yang sesuai menuju entitas yang menampak di dunia. Descartes melihat secara objektif dunia adalah substansi keluasan, sebab akses masuk kepada sesuatu hanya dalam mengetahui (*knowing*), mendapatkan pengetahuan melalui matematika dan fisika. Bagi Descartes pengetahuan secara matematika merupakan satu-satunya cara memahami entitas, matematika selalu dapat memberi kepastian bahwa arti kehadiran sesuatu telah aman digenggam. Maka, kemudian "dunia" yang aman digenggam menggunakan orientasi matematika melalui ide substansi. Melalui hal ini, perkembangan filsafat dari ontologi tradisional diubah dan disamakan dengan pengetahuan matematika, yaitu arti kehadiran sebagai apa yang hadir secara objektif (*Being as presence at-hand*) secara fisika dan secara matematis dan sekaligus filsafat transendental (Heidegger, 2001a: 128-129).

Descartes menggunakan matematika untuk memahami entitas, berdasarkan cara tersebut entitas tersebut adalah entitas yang mana selalu apanya mereka (*those which always are what the are*). Berdasarkan hal itu karakter sesuatu yang hadir harus ditunjukkan sebagai tetap konstan (*constantly remains*) atau tidak berubah, hal itu membuat arti "dunia" didikte dalam istilah terbatas yang terletak pada konsep substansi. Entitas yang terdapat di dunia tidak diizinkan hadir di dalam diri mereka sendiri sebagai sesuatu yang nyata (*real Being*) misalnya: banyak ragam buah-buahan, setiap buah memiliki keunikan sendiri-sendiri. Descartes menghadirkan keseluruhan yang ada dalam kategori yang terberi, misalnya: warna, keras, dingin dalam cara tertentu yang pasti dapat diakses lewat penginderaan (Heidegger, 2001a: 128).

Descartes berdasar ide substansi keluasan sebagai sesuatu yang hadir permanen dalam melihat entitas di dunia; serentak membawa keberadaan manusia (*human existence*) menuju jalan yang sama yaitu substansi. Maksudnya, bagaimana pembentukan keberadaan manusia didasarkan faktor pembentuknya saja, apa yang mengikat keseluruhan menusia, dibedakan dari hewan dan tumbuhan adalah kapasitas manusia sebagai makhluk berpikir. Descartes tidak melihat eksistensi manusia sebagai makhluk yang memiliki karakter relatif berdasar pengalaman dan kapasitas pemahaman. Descartes membentuk manusia dalam kesamaan sebagai makhluk berpikir (*animal rationale)*, yaitu penafsiran secara biologi mengenai penyusun manusia sebagai makhluk hidup yang memiliki akal, keunikan manusia dibandingkan makhluk hidup lainnya merupakan keberadaan akal sebagai dasar keapaan manusia (Heidegger, 1985: 183).

Sedangkan Heidegger melihat dunia (*world*) sebagai lingkungan dunia (*environing world/Umwelt*) artinya dunia sekitar kita (*world around us*) yang mana kita berurusan setiap hari. Karakter dari lingkungan dunia merupakan spesifik sekitaran (*aroundness*) yang mengandaikan tempat dan ruang yang Ada di sana (*being-there*) atau dunia sekitar manusia itu tinggal. Dunia sekitar bukan dalam arti kemeruangan (*spatially*) dalam geomerti, melainkan manusia yang terserap dalam dunia kerja (*work-world*) di dalam kehidupan sehari-hari (Heidegger, 1985: 168).

Heidegger melihat dunia sebagai manusia ada di dalam (*being-in*) "dunianya", atau terserap di dalam urusan sehari-hari. Sehingga manusia yang terserap di dalam urusan sehari-hari membuat pertanyaan keapaan manusia berdasar subtansi tidak relevan lagi, sebab keapaan manusia bukan lagi berdasar penyusunnya melainkan bagaimana dia menjalani kehidupan sehari-hari, pertanyaan keapaan seorang manusia terletak pada siapa manusia itu, Heidegger menjawab berdasarkan seseorang terserap di dalam dunia kerjanya secara umum, misal bapak Andi seorang penulis artinya dia menemukan dunianya di bidang tulis-menulis. Arti "menemukan dunia" bukan dalam artian pemahaman teoritis, melainkan keterlibatan (*comportment*) di dalam sesuatu yang dipedulikannya dalam pekerjaannya (*occupation*). Heidegger melihat struktur dunia sebagaimana adanya bukan berdasarkan konsep ilmu alam melainkan kepedulian (*care*) terhadap lingkungan sekitar merupakan pembentukan manusia mengungkap dunia (Heidegger, 1985: 168-169).

Heidegger melihat struktur dunia sebagai sesuatu yang menunjukkan dirinya sebagaimana kita temui. Heidegger melihat bahwa bertemu dengan dunia bukan merupakan mode subjek memakai objek, melainkan "bertemu dengan dunia" artinya mengacu lingkungan seseorang dalam kehidupan sehari-hari, yang mana dia telah terserap kepada apa yang familiar dengan dirinya. Heidegger menyusun istilah arti dunia yang kita temui sebagai keduniaan (*worldhood*). Keduniaan (*worldhood*) bukan karakter entitas dunia, melainkan karakter keberadaan (*existence*) manusia di dunia dan hanya lewat keduniaan, manusia menemukan keberadaan (Heidegger, 1985: 169).

Heidegger memberikan detail secara fenomenologi mengenai keduniaan yaitu dunia kerja (*work-world*). Aspek lingkungan keduniaan berkaitan pekerjaan (*preoccupation*) misalnya pengrajin (*craftman*). Seorang pengrajin menggunakan alat, yang mana dia sudah terlibat dan terserap dalam aktivitas dengan alat sebagai apa. Pengrajin bertemu dengan alat bukan sebagai sesuatu (*thing*) yang hadir secara objektif (*present-at-hand*) melainkan sebagai alat yang digunakan untuk (*equipment for*) sehingga berkarakter kegunaan praktis (Heidegger, 1985: 191).

Seorang pengrajin yang sudah terserap ke dalam dunia kerjanya berhubungan dengan alat-alat yang digunakan sebagai apa, dan tinggal (*dwell*) di dalam lingkungan dunianya, dunia seperti ini Heidegger sebut lingkungan dunia milikku (*my own environing world*). Serentak dengan lingkungan dunia milikku, seorang pengrajin bertemu dengan pelanggan dan penyedia bahan dasar, di dalam hubungan ini, pengrajin memasuki dunia publik (*public world*). Dunia publik selalu sudah bersama dengan lingkungan dunia, batasan lingkungan dunia milikku dan dunia publik terletak pada lokalitas, lingkungan dunia milikku selalu paling dekat denganku, sedangkan dunia publik merupakan keseluruhan lingkungan dunia berkumpul (Heidegger, 1985: 192).

2.6. Gottfried Wilhelm Leibniz (1646-1716)

Pengaruh utama Leibniz terhadap Heidegger memberikan dasar (*ground*) kemungkinan metafisika dalam prinsip alasan mencukupi (*principle of sufficient reason*). Heidegger mendapatkan dasar bagaimana manusia dapat sampai pada transenden (*trancendence*) dari prinsip alasan mencukupi Leibniz. Transenden berarti melampaui, secara keseluruhan transenden berarti suatu kondisi melampau dari suatu kejadian meruang (*spatial* event) menuju sesuatu yang lebih tinggi (Heidegger, 1984b: 160).

Leibniz mengatakan prinsip alasan mencukupi berbunyi "*nihil est sine ratione*" ("*nothing is without reason*") dapat dikatakan secara positif bahwa setiap yang ada memiliki alasan (*every being has a reason*) keberadaannya, artinya alasan menjadi dasar (*ground*) adanya sesuatu. Alasan memberikan dasar untuk mempertimbangkan sesuatu sebagai sesuatu, alasan mengandaikan "pemahaman" mengimplikasikan sudah mengetahui dasar mengenai sesuatu (Heidegger, 1998a: 11).

Heidegger melihat manusia bertempat (*take place*) di dunia, kata "dunia" berarti dunia kehidupan sehari-hari, hidup di antara entitas, Heidegger melihat fakta entitas yang ada di sekitar manusia sebagai *ontic*. Jalan manusia untuk memahami entitas tersebut disebut *ontological*. Pemahaman akan sesuatu dan fakta akan sesuatu membentuk kehadiran sesuatu (*Being*). Hubungan antara alasan, adanya sesuatu, dan apa yang melampaui (*transcendence*), adalah pembentukan metafisika berhubungan dengan prinsip alasan mencukupi, yang secara mendasar berbunyi, yaitu: (*There "is" a reason why anything exist rather than nothing*) (1984b: 114). Heidegger menjelaskan kalimat tersebut di buku *introduction to metaphysics*, bahwa kita telah memahami apa yang hadir di sekitar kita dan kita tidak mengatakan sesuatu yang tidak ada, sebab tidak ada adalah tidak ada (Heidegger, 2000a: 24). Kata "Ada" bukan kata tertinggi dalam artian kata yang dapat dipastikan memeluk seluruh entitas, tetapi kata "Ada" merupakan kejadian mendasar (*fundamental happening*) kehadiran sesuatu meskipun masih samar, kata "Ada" berakar dari kesejarahan seseorang di dalam pengalaman sehari-hari. Kata "Ada" di dalam bahasa Inggris terletak pada kata hubung (*copula*) "*is*," kata "Ada" atau "*is*" menentukan konteks arti yang dikatakan pembicara, misalnya, "*sky is blue*" atau ditafsirkan dalam bahasa Indonesia "langit berwarna biru." Kata "Ada" mengacu kepada sang pembicara sudah mengetahui bahwa terdapat langit berwarna biru, dia hanya perlu memberikan alasan mengapa langit berwarna biru (Heidegger, 2000a: 215-216).

2.7. Immanuel Kant (1784-1804)

Kant menanyakan bagaimana metafisika mungkin (*how metaphysics is possible*) (Heidegger, 1967: 125). Metafisika berasal dari kata-kata Aristoteles *ta meta ta physika*, kata "*physika*" berarti alam (*nature*), dan kata "*meta*" berarti melampaui (*trans*). Metafisika kemudian menjadi ilmu mengenai sesuatu yang melampaui alam. Berdasar arti di atas, metafisika adalah pengetahuan mendasar mengenai hakikat (*essence*) entitas sebagaimana adanya (*being as such*) dan sebagai keseluruhan (*as a whole*). Sejak objek metafisika adalah hakikat keseluruhan yang ada dan sekaligus hakikat tertingi, ukuran filsafat kemudian "setiap orang punya kepentingan dari hal itu" atau filsafat diukur dan menjadi milik semua orang. Sebab filsafat diukur oleh "semua orang" maka filsafat harus disusun dengan ketat sempurna dan mengikat secara mutlak lepas dari kebetulan. Untuk dapat disusun secara mutlak dan ketat bebas dari kebetulan, maka filsafat atau metafisika menyesuaikan dengan akal ideal, melalui pengetahuan secara "matematika". Matematika merupakan cara mengetahui yang ketat dan mutlak mengikat, bebas dari kebetulan (*contingencies*) pengalaman. Pengetahuan matematika disamakan dengan metafisika, terbentuk tanpa adanya pengalaman (*a priori*) sehingga pengetahuan tentang hakikat hanya dapat didirikan berdasarkan murni menggunakan akal murni (*pure reason*) (Heidegger, 1962: 11-14).

Heidegger melihat Kant menanyakan batas akal murni (*pure reason*) dalam pembentukan metafisika. Akal murni (*pure reason*) artinya prinsip dan konsep pembentukan keseluruhan ada berdasarkan hukum akal yang terlepas dari pengalaman dan mengikat secara pasti. Kant menyusun karya berkaitan akal murni berjudul *critique of pure reason*. Kata kritik (*critique*) bukan mencari kesalahan (*fault finding*) dari akal murni, melainkan meletakkan batas (*Grenzziehung*) akal murni, kata "meletakkan batas" artinya lebih kepada menguji batas struktur konstruksi akal murni dan mengangkat kemungkinan lain penggunaan akal murni (Heidegger, 1967: 120).

Kant melakukan kritik dengan mengatakan metafisika berdasarkan akal murni hanya meraba (*groping*) konsep tanpa hubungan dengan sesuatu itu sendiri. Kant menyusun prinsip mengenai dasar metafisikanya, bahwa dasar dari semua objek terbagi menjadi sesuatu yang menampak (*phenomena*) dan sesuatu di dalam dirinya sendiri (*thing-in-itself*). Sesuatu di dalam dirinya sendiri tidak bisa termanifestasi bagi manusia, tersisa hanya x. Setiap sesuatu yang menampak selalu terdapat x ini (Heidegger, 1967: 128).

Kant di dalam *critique of pure reason* meletakkan dasar metafisika di dalam perbedaan (*distinction*) dua aspek dari sesuatu (*thing*), yaitu sesuatu di dalam dirinya sendiri (*thing-in-itself*) dan sesuatu yang menampak (*phenomena*). Sesuatu di dalam dirinya sendiri bukan sesuatu yang berbeda dari sesuatu yang menampak, melainkan aspek (*respectus*) yang lain dari sesuatu yang sama, perbedaan tersebut bersifat subjektif (Heidegger, 1967: 128).

Heidegger mengikuti Kant dalam banyak jalan mendasar. Kant membaca keseluruhan yang hadir berdasarkan konteks ilmu pengetahuan, pembentukan kehadiran berdasarkan pemahaman murni (*pure undestanding*) yang membuat keapaan sesuatu, pemahaman murni secara *a priori* akan sesuatu mendahului fakta (*Tatsachen*) sesuatu tersebut. Pemahaman murni artinya hanya konsep dipikirkan berdasarkan konsep. Heidegger mengikuti Kant melihat sesuatu berdasarkan pemahaman sebelum adanya fakta sesuatu itu. Perbedaannya Heidegger melihat asal pemahaman seseorang berdasar konteks dunia kehidupan sehari-hari. Manusia sudah terlempar kepada situasi di sekitarnya dan secara *a priori* sudah memiliki perasaan (*Befindlichkeit*) mengenai sesuatu di sekitarnya. Manusia selalu sudah memproyeksikan sesuatu disekitarnya, misalnya seseorang menulis di sebuah buku, merupakan sebuah situasi dia sudah memahami buku, alat tulis, meja untuk menulis di sekitarnya (Heidegger, 1967: 281-282).

Apa yang secara khusus Heidegger ambil dari Kant adalah pembentukan kehadiran sesuatu, di dalam pemikiran Kant kehadiran sesuatu dibagi dua yaitu sesuatu di dalam dirinya sendiri (*das ding ansich*) dan apa yang menampak (Heidegger, 1967: 128). Heidegger juga berpikir terdapat dua aspek dari kehadiran sesuatu, dengan apa yang disebut "perbedaan ontologi" ("*ontological difference*"). Perbedaan ontologi artinya perbedaan fakta entitas (*ontic*) tersebut dan jalan pemahaman terhadap sesuatu (*ontological*). Setiap entitas terdiri dari fakta sesuatu itu dan jalan memahami sesuatu itu oleh seseorang. Pembentukan arti tidak terlepas dari jalan memahami sesuatu itu. Arti terbentuk dari pemahaman yang berakar dari keterlibatan terhadap sesuatu di sekitar manusia. Arti merupakan pengungkapan dari jalan pemahaman manusia terhadap sesuatu, artinya terdapat beragam (*multiplicity*) arti berdasar variasi jalan memahami entitas (Heidegger, 1975: 13).

2.8. Friedrich Nietzsche (1844-1900)

Heidegger melihat terdapat hubungan mendasar antara filsafat Descartes dan pembentukan posisi metafisika Nietzche. Nietzshe pada awalnya terlihat tidak setuju dengan prinsip aku berpikir, maka Ada (*cogito, ergo sum*). Nietzche melihat prinsip tersebut hanya logika deduksi. Logika deduksi Descartes untuk membuktikan manusia adalah aku dan aku sebagai subjek dengan cara terbukti pada dirinya sendiri (*self-evident*), sehingga apa yang aku pikirkan menjadi objektif bagi semua manusia. Tetapi semua argumen ini hanya aksioma (*axiom*), aksioma berarti sesuatu formula yang didirikan berdasarkan kepastian, sehingga kebenaran sudah ditentukan secara konseptual (Heidegger, 1982: 127). Nietzsche melihat, prinsip ini sama sekali bukan logika deduksi melainkan mempertimbangkan secara kejiwaan (*psychologically*), alasannya posisi mendasar metafisika sudah "subjektif" di dalam dirinya sendiri, misalnya prinsip aku berpikir maka ada, hanya asumsi descartes untuk memberi perasaan kuat terbesar dan rasa aman, artinya Nietzsche melihat, Descartes belum mencapai dasar posisi metafisika, Nietzshe memahami secara kejiwaan bentuk manusia mengamankan dirinya berasal dari kehendak untuk berkuasa (*will to power*) (Heidegger, 1982: 123-131).

Ketika Descartes mencari kepastian untuk mendirikan sesuatu yang tetap dan bertahan selamanya; Descartes membentuk manusia sebagai *subiektum* atau *hypokeimenon*, yaitu semua yang ada sebelum dirinya sendiri. Manusia sebagai makhluk rasional (*rational creature*) merupakan makhluk yang memiliki kapasitas berpikir untuk mewakili keseluruhan yang ada menjadi objek, artinya semua yang subjektif sekaligus berubah menjadi objektif di dalam manusia sebagai subjek, apa yang hadir sebagai keseluruhan terletak dalam paham apa yang mewakili keseluruhan, inilah inti metafisika subjek (Heidegger, 1987: 220).

Nietzsche melihat Descartes belum sampai pada dasar; yang dibangun Descartes bukan kepastian melainkan praanggapan bahwa kepastian adalah nilai tertinggi. Nietzsche melihat bangunan filsafat bukan berdasar Ada dan kebenaran melainkan nilai (Heidegger, 1982: 131). "Nilai" adalah sudut pandang (*point-of-view*) dalam melihat sesuatu sebagai sesuatu yang tetap. Heidegger (1977: 73) mengutip perkataan Nietzsche bahwa "*point-of-view constituting the preservation-enhancement conditions with respect to complex forms of relative duration of life within becoming.*" Peneliti menafsirkan sudut pandang merupakan pembentukan kondisi untuk mempertahankan kondisi dengan menghormati bentuk rumit dari durasi kehidupan dalam kemenjadian. Artinya, sudut pandang sebagai kekuatan mempertahankan apa yang diyakini ditengah perubahan dan ketidakpastian dalam proses kemenjadian kehidupan.

Nilai dibentuk dari kehendak untuk berkuasa (*will to power*), kehendak untuk berkuasa merupakan nama pemikiran metafisika (*metaphysics*) Nietzsche (Heidegger, 1977: 73-75). Kata "kehendak untuk berkuasa" terdiri dari dua kata yang saling berhubungan, yaitu, "kehendak" (*"will"*) dan "untuk berkuasa" (*"to power"*). Kata "kehendak" bukan sekedar menghasrati (*desiring*) dan bukan hanya mengejar sesuatu, melainkan, berkehendak adalah memerintah (*commanding*), "memerintah" hakikatnya terletak pada memerintah kesadaran untuk mematuhi diri sendiri. Memerintah diri sendiri artinya membuktikan dia superior kepada dirinya sendiri yang memiliki dirinya sendiri. Sedangkan kata "untuk berkuasa" berarti menjadi tuan pada tingkat kekuasaan pada setiap waktu. Hakikat kekuatan atau kekuasaan (*power*) adalah memperkuat (*enhance*) kekuatan itu sendiri, hakikat "kekuatan" berkonotasi dengan hakikat kehendak itu sendiri untuk memerintah, sehingga kekuatan mempunyai hakikat untuk mengejawantahkan murni kehendak itu sendiri. Kehendak untuk berkuasa kemudian berarti kehendak untuk menghendaki (*will to will*) untuk memperkuat kekuasaan itu sendiri (Heidegger, 1977: 77-79).

Heidegger melihat di dalam metafisika kehendak untuk berkuasa merupakan metafisika tertinggi (*consummation*).

Metafisika sebagai pemikiran mengenai pencarian entitas pertama yang memungkinkan keseluruhan entitas (*beings*) menjadi hadir atau Ada. Pemikiran metafisika merupakan pemikiran perwakilan sehingga seluruh entitas dapat digenggam. Metafisika kehendak untuk berkuasa merupakan akhir tertinggi metafisika artinya perkembangan tidak terhindarkan dari kekuatan inti metafisika telah mencapai puncaknya (Heidegger, 1987: 6-8).

Heidegger melihat metafisika kehendak untuk berkuasa merupakan dasar penyempurnaan abad moderen. Nietzsche sebagai metafisikus barat terakhir, membuka abad baru yaitu abad moderen (*modern age*) sebagai abad terakhir. Ini artinya abad yang dalam beberapa poin merupakan keputusan yang menyejarah akan dimulainya permulaan baru. Metafisika kehendak untuk berkuasa menandai abad kehendak mengkalkulasi dan mengatur segala hal dengan dasar apa yang menampak dalam semangat positivisme (*positivism*). Alasannya, metafisika kehendak berkuasa sendiri berkelindan dengan semangat positivisme, pada titik ini, "teknologi" muncul sebagai pelaksana semangat positivisme untuk mengobjektivasi area yang melingkupi keseluruhan entitas: alam, bisnis budaya, dan gambaran ideal terhadap apapun. Metafisika teknologi bukan hanya area produksi dan peralatan mesin, melainkan posisi kekuatan sebagai dasar objektif atas segala hal (Heidegger, 1977: 101).

Nietzsche melihat hakikat manusia berdasarkan metafisika kehendak untuk berkuasa sebagai *overman*. Kata "*overman*" bukan mengacu kepada manusia individual yang memiliki kemampuan melebihi manusia biasa, melainkan esensi kemanusiaan yang memiliki kehendak untuk mengambil alih dominasi bumi. Manusia dengan karakter kehendak untuk berkuasa memiliki kekuatan operatif untuk mengobjektifkan segala hal. Manusia dengan hakikat menghendaki berjuang mengeksploitasi bumi sebagai sumber bahan mentah dan manusia sebagai "material manusia" (*human material*). Perjuangan mendominasi bumi ini merupakan sebuah hasil dari metafisika kehendak untuk berkuasa (Heidegger, 1977: 96-101).

2.9. Edmund Husserl (1859-1938)

Edmund Husserl adalah orang yang menunjukkan jalan fenomenologi (*phenomenology*) kepada Heidegger melalui buku *Logical Investigation* sekaligus mentor pribadi Heidegger. Pada tahun 1916, Husserl datang ke Universitas Freiburg dan mengajari Heidegger langkah demi langkah dalam mempraktekkan fenomenologi. Heidegger belajar dan mempraktekkan fenomenologi dalam bimbingan Husserl sampai tahun 1919 dan pada saat yang sama Heidegger juga semakin akrab dengan tulisan Aristoteles, perwujudan pemahaman fenomenologi dan tulisan Aristoteles adalah sebuah seminar mengenai Aristoteles (Heidegger, 1972: 78).

Terdapat tiga penemuan fenomenologi mendasar dari Edmund Husserl yang digunakan Martin Heidegger, yaitu: 1) Intensionalitas (*intentionality*), 2) intuisi kategori (*categorial intuition*), dan 3) pengertian yang sebenarnya dari *a priori* (*original sense of a priori*). Penjelasan mengenai ketiga penemuan tersebut sebagai berikut (Heidegger, 1985: 27).

Penemuan pertama adalah intensionalitas (*intentionality*). Intensionalitas adalah gerak mengarah menuju arti yang dimaksudkan (*intended meaning*). Intensionalitas mengarah dirinya menuju sesuatu, setiap pengalaman hidup mengarah kepada sesuatu. Intensionalitas berhubungan dengan kehidupan sehari-hari, misalnya dalam penginderaan sehari-hari, seseorang tidak melihat untuk mengobservasi sesuatu, melainkan terserap dalam keterlibatan dengan sesuatu yang sudah familiar dalam kehidupan sehari-hari (Heidegger, 1985: 29).

Heidegger mengatakan "*basic constitution of intentionality as a reciprocal belonging-together of intentio and intentum.*"Artinya pembentukan mendasar dalam intensionalitas adalah hubungan timbal balik antara *intentio* dan *intentum*. *Intentio* dapat dipahami sebagai anggapan (*presuming*). Di dalam kehidupan sehari-hari, seseorang mengarahkan dirinya menuju sesuatu yang familiar dengannya, untuk dapat mengarah pada sesuatu, seseorang selalu sudah memiliki anggapan tentang sesuatu tersebut. *intentum* adalah apa yang dimaksud, "apa yang dimaksud" artinya bukan mencerap entitas, melainkan bagaimana suatu entitas dicerap. *Intentum* terletak dalam bagaimana sesuatu dimaksudkan (*being intended*) berdasarkan anggapan (*intentio*) seseorang (Heidegger, 1985: 45-46).

Penemuan kedua adalah intuisi kategori (*categorial intuition*). Intuisi kategori adalah kategori yang disusun dari penangkapan (*aprehension*) sederhana mengenai sesuatu menubuh yang menunjukkan dirinya di dalam ruang dan waktu. Intuisi kategori ditemukan pada setiap pencerapan konkrit. Intuisi kategori mengisi arti sesuatu yang dicerap, intuisi (*intuition*) menunjukkan keapaan sesuatu sebagai keseluruhan. Misalnya, seseorang mengatakan apel, pir, pisang, dan plum merupakan buah-buahan. Seseorang mengetahui secara perasaan bahwa yang hadir di depannya adalah buah-buahan (Heidegger, 1985: 47).

Tujuan dari intuisi kategori adalah pembentukan ide (*ideation*). Kata "ide" berasal dari bahasa yunani "*eidos*" yang berarti apa yang terlihat dari sesuatu. Pembentukan ide adalah tindakan dari perasaan untuk melihat keseluruhan (*universal*) dari yang individual. Pembentukan ide berasal dari penangkapan konkrit sekaligus merasakan (*intuite*) sebagai suatu yang ideal bagi keseluruhan. Misalnya, seseorang melihat rumah dalam lingkungan sehari-hari, tidak mengobservasi detail setiap rumah, melainkan sudah memiliki gambaran universal apa yang dimaksud "rumah". Intuisi kategori muncul "sebagai-apa" (*"as-what"*) ciri universal dari sebuah rumah, berasal dari pemahaman mengenai rumah yang pernah dia tinggali (Heidegger, 1985: 48).

Penemuan ketiga adalah pengertian yang sebenarnya dari *a priori* (*original sense of a priori*). Istilah *a priori* berasal dari kata latin *prius* yang berarti sebelumnya (*earlier*); "*a priori*" berarti sesuatu yang selalu sudah ada dari awal. *A priori* istilah yang mengandaikan kehadiran yang tidak terbatas oleh waktu. Berdasarkan Descartes, pengetahuan *a priori* tidak memerlukan pengalaman, melainkan terungkap hanya dalam diri subjek dan tetap dalam ruangnya sendiri. *A priori* pada umumnya mengacu kepada apa yang sudah ada "sebelumnya" ("*earlier*") dalam urutan waktu. Heidegger melihat kata "sebelumnya" bukan sifat dalam urutan mengetahui (*sequence of knowing*), juga bukan sifat dalam urutan waktu, melainkan, *a priori* adalah sifat *struktur urutan pemahaman* (*ontological*) struktur entitas. *A priori* mengacu pengetahuan apa yang sudah dirasakan perasaan dalam suatu keterlibatan (*comportment*) kepada sesuatu (Heidegger, 1985: 74).

Heidegger melihat *a priori* secara fenomenologi, bahwa seseorang selalu sudah terlibat lingkup pokok permasalahan (*domains of subject matter*), hal tersebut dapat ditunjukkan perasaan (*intuition*) sebelum melakukan penelitian. *A priori* bukan ditarik secara tidak langsung berdasar hipotesa, melainkan ditarik berasal struktur pemahaman entitas, artinya *a priori* bukan permasalahan aturan pengetahuan yang mendahului pengalaman, melainkan seseorang sudah terlibat dengan pokok masalah dan telah mengenal pokok masalahnya (Heidegger, 1985: 74-75).

2.10. Wilhelm Dilthey (1833-1911)

Pengaruh utama Dilthey berkaitan dengan perkembangan fenomenologi yang dikembangkan Heidegger. Pada tahun 1900-1901 Husserl menerbitkan buku *logical investigation* yang merupakan buku fenomenologi, tujuan buku ini untuk sampai kepada sesuatu itu sendiri yaitu kesadaran yang terberi dalam tindakan alamiah (*natural attitude*). Husserl mencari dasar untuk setiap karakter kesadaran dalam tindakan alamiah, tapi membelokkan dari pencarian dasar pengalaman hidup (*lived experiences*) menuju objektivitas, kebenaran teoritis secara ilmiah. Pada awalnya, tidak ada keberatan, tapi setelah kesadaran murni menjadi dasar teoritis merupakan tidak lagi menjadi tindakan alamiah asli (*genuine*) (Heidegger, 1985: 117).

Dilthey merupakan orang pertama yang memahami tujuan fenomenologi. Dilthey yang berusia tujuh puluh delapan tahun, membaca *logical investigation*, menemukan bahwa manusia utamanya hadir sebagai orang (*person*), artinya fenomenologi yang berusaha mencari sesuatu yang terberi dalam tindakan alamiah, harus melihat manusia sebagai orang di dalam dunianya yang mana dia bertindak dan bereaksi. Keseluruhan aspek manusia sebagai orang yang merasakan, berpikir dan berkehendak saling terkait di dalam suatu konteks situasi (Heidegger, 1985: 118-119).

Pengaruh Dilthey kepada Heidegger menjadi jelas yaitu memberikan motif bahwa ekspresi fenomenologi berasal dari kehidupan sehari-hari yang konkrit, berlawanan (*contrary*) formalitas kosong dalam filsafat transendental. Filsafat Dilthey adalah filsafat hidup (*life philosophy*). Kata "hidup" sebagai konteks yang berlaku (*operative context*) dalam lingkungan kehidupan. Hidup manusia berhubungan antara diri dan lingkungan (*milieu*), yang mana berarti prateori (*pretheoretically*). Pengertian Dilthey tentang intensionalitas berdasar motif dasar seperti hasrat dan tindakan. Heidegger mendapatkan metodologi penelitian filsafat untuk sampai kepada sesuatu itu sendiri dari fenomenologi Hussserl, tetapi Heidegger tidak mengambil tujuan akhir Husserl untuk membentuk kesadaran sebagai pengetahuan teoritis yang objektif, melainkan lebih dekat kepada tujuan fenomenologi Dilthey yaitu motif kepedulian seseorang terhadap kehidupan sehari-hari (Heidegger, 2010b: 127-128).

BAB III: PEMIKIRAN AWAL MARTIN HEIDEGGER

Pengantar

Dreyfus dan Wrathal (2005: 3,9) membagi kerja Heidegger menjadi dua periode berdasarkan tema dan kronologi perjalanan hidupnya. Periode awal pemikiran Heidegger disebut dengan periode *Being and Time* yaitu tahun 1919-1929, yaitu periode awal pembentukan filsafat Heidegger yang dipandu kerja fenomenologi Edmund Husserl, puncak periode awal adalah penerbitan buku *Being and Time*. Periode lanjut Heidegger dimulai awal 1930, Heidegger melihat pandangannya tentang permasalahan yang diajukan pada buku *Being and time* belum mencapai dasar. Heidegger berusaha mengkoreksi kembali pandangannya pada buku *Being and Time* sekaligus mengkhususkan pada permasalahan teknologi dan seni.

Periode awal pemikiran Heidegger menanyakan apa artinya sesuatu itu "Ada." Heidegger secara umum menjawab arti sesuatu itu "Ada" adalah apa yang hadir dalam pengalaman kehidupan (*lived experience*) manusia melalui keterlibatan dengan sesuatu. Heidegger melihat ontologi tradisional gagal melihat dua jalan mengada sesuatu, yaitu: *ontological*, yaitu pemahaman mengenai entitas tersebut berhubungan dengan entitas lainnya dalam sebuah konteks situasi, dan *ontic* merupakan fakta dari entitas itu. Contohnya, sebuah pena, seseorang memahami pena digunakan sebagai alat tulis menulis berhubungan dengan kertas, itu adalah *ontological*. *Ontic* adalah aspek memfakta dari sebuah pena, yaitu pena memiliki beberapa warna tinta, seperti warna tinta hitam dan biru (Dreyfus, 2005: 3).

Momentum perubahan pemikiran Heidegger terjadi pada tahun 1933, yaitu kebangkitan Hitler sebagai kanselir (*chencellor*) Jerman dan posisi Hitler mendapatkan kekuasaan mutlak di Jerman. Heidegger ditunjuk sebagai rektor Universitas Freiburg, dan setahun kemudian mundur dari posisi tersebut. Berkaitan kejadian tersebut Heidegger menanyakan kembali apa yang terjadi dengan kehadiran sesuatu. Heidegger tidak menanyakan kembali apa artinya sesuatu itu hadir lewat filsafat manusia dalam konsep *dasein* atau keberadaan manusia di dunia; melainkan Heidegger menanyakan arti kehadiran ada sebagai keseluruhan dalam sejarah metafisika. Heidegger melihat kebangkitan teknologi membuat manusia melupakan arti kehadiran, sebab arti apa yang hadir ke hadapan seseorang sudah diubah menjadi nilai, dan untuk mengatakan arti kehadiran sesuatu diubah menjadi pencarian nilai tertinggi. Manusia moderen melihat teknologi sebagai pengejawantahan nilai tertinggi abad kontemporer, sebab teknologi merupakan dasar signifikan perubahan posisi manusia di dunia, yaitu sebagai penguasa dunia. Manusia menggunakan teknologi untuk menguasai alam, itulah perubahan posisi mendasar manusia sebagai penguasa dunia, misalnya tanah digali menggunakan mesin teknologi untuk dijadikan tambang batu bara (Heidegger, 1977: 108).

Peneliti akan memfokuskan arah konsep pemikiran Heidegger kepada filsafat kehidupan sehari-hari dan filsafat teknologi. Pembagian periode pemikiran Heidegger menjadi dua periode, yaitu: periode awal yaitu periode *Being and Time* (1919-1929) dan periode lanjut (dimulai setelah tahun 1930). Peneliti akan memerinci pemikiran Heidegger tersebut di bawah.

3.1. Filsafat Sebagai Ilmu Permulaan (*Philosophy As Primordial Science*)

Heidegger memberikan mata kuliah pertama di fakultas filsafat Universitas Freiburg pada tahun 1919 tepat setelah dipindahkan dari fakultas teologi. Mata kuliah tersebut berjudul *"The Idea of Philosophy and the Problem of Worldview"*, yang merupakan dasar dari ekspresi penuh buku *Being and Time* (Heidegger, 2008: x). Heidegger menanyakan asal usul arti di dalam kehidupan. Berdasarkan filsafat pengetahuan terdapat dua titik pijak hadirnya arti, yaitu: realisme dan idealisme. Realisme menanyakan: bagaimana keluar dari subjektivitas dari data inderawi sehingga sampai pada pengetahuan terdalam? Realisme menjawab objektivitas arti dapat dicapai dengan mengutamakan data inderawi terberi. Arti diperoleh berdasarkan fakta menuju pemahaman mendalam (*insight*) secara ilmiah. Realisme berhubungan dengan matematika ilmu alam untuk menyusun hukum alam yang valid menggunakan fakta-fakta. Idealisme menanyakan: bagaimana dari dalam "ruang subjektif" sampai kepada pengetahuan yang objektif? Idealisme menjawab data inderawi tidak menjelaskan dirinya sendiri melainkan data hanya bagi subjek; data sejauh peneliti menyadari artinya. Idealisme juga melihat dari sudut pandang objektivitas, yaitu idealisme tidak mau melihat intensifikasi lingkungan pengalaman tetapi melihat kesadaran memunculkan ide dan ide adalah sesuatu yang ideal (Heidegger, 2008:63-65). Dengan kata lain, realisme dan idealisme mengaburkan apa yang ada dalam lingkungan sehari-hari dan mengaburkannya untuk dapat membangun objektivitas teori. Realisme membangun objektivitas melalui fakta-fakta dan idealisme menuju objektivitas melalui memutlakkan teori-teori tanpa mau melihat keterbatasan lingkungan pengalaman (Heidegger, 2008: 68).

Heidegger melihat filsafat sebagai ilmu permulaan (*Urwissenschaft*) artinya ide ilmu ke dalam situasi konteks kehidupan. Apa yang penting dari filsafat sebagai ilmu permulaan adalah konteks motivasi dari seorang peneliti sehingga ilmu menjadi kebiasaan yang mempribadi. Seorang peneliti, bagaimanapun, tidak hidup dalam isolasi. Dia selalu terhubung dengan komunitas di lingkungan sekitar dia tinggal. Konteks kehidupan di lingkungan sekitar (*environing world*) memberikan cakrawala dan motivasi mengenai apa yang bisa diteliti (Heidegger, 2008: 3).

Filsafat berangkat dari lingkungan pengalaman (*environmental experience*) yaitu kejadian yang sesuai (*ereignis*), maksudnya, kejadian yang sesuai antara seseorang yang mengalami kejadian dan kejadian itu sendiri. Setiap kejadian merupakan satu kesatuan antara seseorang yang mengalami kejadian dan kejadian itu sendiri. Setiap kejadian yang terjadi membentuk motivasi, motivasi inilah yang membentuk intensionalitas atau maksud seseorang untuk memulai penelitian. Filsafat berusaha mencari arti terdalam dari segala sesuatu, arti tidak terlepas dari konteks situasi tentang apa yang dibicarakan, artinya membicarkan arti selalu berkaitan dengan motivasi yang mendasari pengungkapan arti tersebut (Heidegger, 2008:56-60).

Heidegger mengatakan asal arti berasal dari lingkungan (*milieu*) sekitar kita, keterlibatan terhadap sesuatu membuat seseorang memahaminya dan memampukan seseorang "melihat" sesuatu. Misalnya keterlibatan seseorang dengan lingkungan kampus membuat dia dapat "melihat" ruang kuliah, kantin, tempat parkir. Heidegger mengatakan lingkungan pengalaman adalah dunia seseorang tinggal di dalamnya sehingga pembagian secara teori subjek dan objek tidak tepat digunakan dalam filsafat, sebab apa yang hadir di hadapan subjek bukan objek melainkan kejadian yang sesuai (*ereignis*) artinya subjek sendiri sudah terserap ke dalam kejadian yang dia alami. Arti kejadian tidak dapat di objektivikasikan bagi setiap orang sebab setiap kejadian unik bagi individu yang mengalami, yang dibedakan dengan "proses". Proses adalah saat (*moment*) yang dapat diobservasi di dalam laboratorium fisik, misalnya proses pelepasan listrik (*electrical discharge*) (Heidegger, 2008: 56-60).

Heidegger melihat pencarian sesuatu yang terberi dari sesuatu merupakan objektivikasi lingkungan dunia. Pembentukan kualitas sesuatu seperti warna, keluasan, berat, ruang merupakan apa yang Heidegger sebut "pengaburan" (*de-vivication*) karakter lingkungan pengalaman. Objektivikasi mengaburkan apa yang hadir dalam lingkungan pengalaman seorang peneliti dan membawa kepada bentuk teoritis dari sesuatu. Heidegger melihat arti sebagai sebagai sesuatu yang mempribadi (*personal*) antara makhluk manusia dan pengalamannya, sebab arti dalam kehidupan sehari-hari bukan diperoleh dari peneliti yang terisolasi dan memikirkan konsep abstrak, melainkan diperoleh dari kejadian yang sesuai (*ereignis*) bersama dengan komunitas, grup, masyarakat sekitar (Heidegger, 2008: 70-71).

3.2. Fenomenologi

Fenomenologi berasal dari kata "*phenomenon*" yang berarti sesuatu yang menunjukkan dirinya sendiri; menunjukkan dirinya sendiri artinya sesuatu itu tidak mewakili apapun dan hanya sesuatu yang hadir ke hadapan seorang manusia. Heidegger melihat fenomenolgi sebagai jalan penelitian filsafat mengenai fenomena fisik, sesuatu yang nampak dalam pengalaman, sebuah cara untuk mengaksesnya sekaligus menafsirkannya. Fenomenologi tidak berspekulasi mengenai sesuatu yang tersembunyi (Heidegger, 1999a: 53-54).

Heidegger melihat metode paling tepat untuk mendekati lingkungan pengalaman adalah fenomenologi. Fenomenologi adalah bagaimana meneliti (*how to research*) mengenai sesuatu yang hadir menampak di dalam kehidupan sehari-hari. Kehidupan sehari-hari memiliki karakter kesementaraan yaitu sementara pada waktu tertentu (*particular time*), kesementaraan mengandaikan hanya ada sesuatu yang hadir ketika seseorang memedulikan sesuatu. Sesuatu yang dipedulikan merupakan dunia sekitar (*environing world*) yang berisi fakta kehidupan (*factical life*). Heidegger melihat apa yang menampak (*phenomenon*) di dalam fakta sebagai penggambaran kehidupan sehari-hari yang asli (*authentic*) menggunakan metode fenomenologi (Heidegger, 1999a: 58-59).

Heidegger melihat titik pijak fenomenologi adalah apa yang ada adalah apa yang hadir dalam kehidupan sehari-hari dan bersifat sementara. Apa yang kita cerap merupakan fakta, tetapi fakta bersifat sementara sebab fakta berhubungan dengan waktu tertentu (*particular time*) yang ada. Heidegger melihat fakta sebagai karakter acuan (*reference*), acuan merupakan sesuatu yang peneliti pedulikan dan hadir sebagai objek material penelitian di dalam waktu tertentu. Kesementaraan mengacu keterbatasan situasi yang dihadapi peneliti, keterbatasan dalam dua hal: 1. Latar belakang (*fore-having*) yang dimiliki seorang peneliti sehingga memiliki gambaran asumsi penelitian. 2. Keterbatasan mengenai apa pemahaman dan penafsiran seorang peneliti berdasar pada konteks situasi apa dihadapi seorang peneliti itu sendiri (Heidegger, 1999a: 62).

Fenomenologi sebagai metode penelitian filsafat muncul dari situasi kesejarahan filsafat pada akhir abad ke19, yaitu dari buku *Logical Investigation* karya Edmund Husserl. Husserl melihat kemunculan krisis ilmu (*crisis of the science*) yang disebabkan manusia kontemporer telah kehilangan hubungan asli antara ilmu dan lingkungan sekitar. Ilmu kehilangan kedekatan dengan pokok permasalahan (*subject matter*) dan bekerja berdasar teori yang sudah diakui orang banyak. Husserl melihat perlu untuk kembali melihat kepada sesuatu itu sendiri; artinya konsep dan pernyataan harus ditarik dari objek itu sendiri, pernyataan sebagai sesuatu yang tertulis atau didengar dari sumbernya. Husserl melihat untuk kembali kepada sesuatu itu sendiri terletak pada kesadaran yaitu kesadaran akan sesuatu, Husserl menyebut hal ini sebagai intensionalitas (*intentionality*). Intensionalitas adalah maksud terdalam dari objek yang diteliti dalam konteks kehidupan (Heidegger, 1985:2-3).

Husserl menggunakan matematika sebagai ilmu ideal dan model untuk sampai kepada sesuatu itu sendiri. Matematika sebagai ilmu mutlak berusaha mencari apa pengetahuan yang valid secara universal (Heidegger, 1999a: 56-58). Valid artinya sudah terberi secara ideal dan sebagai apa yang seharusnya (*ought*) (Heidegger, 2008: 42). Husserl mengamankan apa yang valid secara fenomenologi adalah kesadaran murni (*pure conciousness*). Kesadaran murni adalah sesuatu yang mutlak terberi dan entitas murni yang melampaui semua individuasi situasi. Husserl tidak berniat menyusun intensionalitas konkrit dalam konteks kehidupan melainkan entitas struktur kesadaran ideal yang setiap kasus dapat dibaca strukturnya tanpa melihat lagi konteksnya (Heidegger, 1985: 108-112). Dengan kata lain, Husserl tidak peduli bagaimana terbentuknya karakter kesadaran intensionalitas dalam pengalaman kehidupan (*lived experience*). Melainkan, Husserl hendak menyusun kesadaran menjadi objek ilmu mutlak (*absolut science*) di dalam sistem kategori (Heidegger, 1985: 114).

Husserl menggunakan reduksi fenomenologi (*phenomenological reduction*) untuk sampai kepada kesadaran murni. Reduksi fenomenologi artinya apa yang diperoleh fakta nyata kesadaran di dalam tindakan sehari-hari yang alamiah (*natural attitude*) ditangguhkan (*suspended*) sehingga kenyataan mengejawantahkan dirinya sendiri sebagai kesadaran murni. Salah satu reduksi fenomenologi adalah pembentukan ide (*ideation*) di dalam *eidetic reduction*.

Eidetic reduction artinya seorang peneliti menyaring isi yang penting dari pengalaman kehidupan, yaitu hanya struktur isi kesadaran yang dipertimbangkan. Pertimbangan untuk sampai kepada kesadaran murni adalah menyaring keapaan dari isi kesadaran tanpa menanyakan konteks maksud tindakan seseorang. Contoh dari pembentukan ide dalam kesadaran murni adalah dalam mencapai keapaan dari warna, perbedaan dari apa yang hadir tidak dipertimbangkan, yang dilihat hanyalah apa yang menghubungkan warna sebagai warna, maka tidak dipertimbangkan keberadaan (*existence*) warna itu sendiri tetapi hanya keapaan dari keberadaan itu (Heidegger, 1985: 109-110).

Heidegger melihat fenomenologi Husserl dengan tujuan kesadaran murni melupakan apa artinya Ada (*question of Being*), "Ada" maksudnya adalah apa yang hadir ke hadapan seseorang sehingga dapat mengatakan "itu Ada." Husserl mengabaikan pertanyaan mengenai apa arti Ada, membuat penelitian fenomenologi dapat mengatakan kesadaran murni merupakan kehadiran yang mutlak tanpa kembali kepada konteks situasi kehadiran sesuatu. Heidegger melihat reduksi fenomenologis menolak tidak hanya individuasi pengalaman hidup tetapi juga tidak melihat tindakan sebagai suatu keputusan manusia, melainkankan hanya melihat struktur tindakan mereka dalam keapaannya (Heidegger, 1985: 109-115).

Heidegger mengembalikan fenomenologi dalam pengulangan sejarah yaitu tendensi fenomenologis dari permulaan filsafat ilmiah di dalam orang-orang Yunani (Heidegger, 1985: 136). Heidegger mengembalikan pertanyaan apa arti Ada dalam fragmen ke-5 dari parmenides yang berbunyi: *"to gar auto noein estin te kai einai"*. Heidegger menafsirkan sebagai berpikir dan Ada adalah sama (*berpikir and Being are the same*); artinya apa yang hadir adalah suatu tindakan mengalami (*act of experiencing*), berpikir menghadirkan apa yang dirasakan perasaan untuk dituangkan ke dalam kata-kata (Heidegger, 1985: 148). Heidegger berdasarkan pemahaman fenomenologis tersebut menyusun struktur kehadiran menjadi dua hal, yaitu *ontic* yaitu fondasi fakta yang menjadi konteks acuan mengenai sesuatu yang ada, dan *ontological* yaitu pemahaman adanya sesuatu, yaitu pencarian sebuah konsep untuk mengatakan sesuatu sebagai sesuatu (Heidegger, 1975: 15-17). Pembentukan konsep mengenai entitas bukan membuat skema melainkan mengatakan kemungkinan kehadiran sesuatu, sehingga artikulasi sebuah konsep filsafat bersifat relatif bagi siapa yang mengakses (Heidegger, 1999a: 63).

Arah fenomenologi Heidegger selain dekat dengan orang-orang Yunani, dia juga dekat dengan fenomenologi ruh (*phenomenology of spirit*) dari Hegel. Fenomenologi sebagai ilmu tentang kesadaran dalam Hegel mengacu kepada ruh, yang berarti fenomenologi sebagai ilmu mutlak mengenai gerak kesadaran menguji dirinya sendiri. Gerak memverifikasi kesadaran dari pengetahuan terbatas merupakan gerak ruh. Pengalaman menjadi jalan masuk pengetahuan mutlak dari dirinya menuju dirinya. Inilah yang menghubungkan karakter setiap filsafat, kapan pun filsafat meletakkan pertanyaan mendasar itu akan mengatisipasi apa yang nanti akan dikatakan (Heidegger, 1998b: 30).

Heidegger berkonfrontasi dengan fenomenologi Husserl yang mengutamakan prosedur dan pembuktian, filsafat tidak memedulikan untuk selalu memedulikan pembuktian melalui prinsip bukti dalam formal logika. Kesadaran tidak ada urusan dengan prosedur, yang saat ini menjadi rutinitas mengklasifikasi yang dinamakan tipe pandangan dunia. Menyusun tipologi adalah hal tidak berbahaya untuk melewati waktu, seperti kekurangan kekuatan berfilsfat, inilah *sophistry*. *Sophistry* datang mendominasi, menawarkan kehormatan filsafat dengan memberi tipe label kepada pertanyaan filsafat. Selanjutnya, seseorang hanya akan dibuat tertarik dengan satu label yang dibandingkan dengan label lainnya. Intinya dengan pembentukan filsafat dalam tipe label-label tersebut, menjadi kebangkitan diskusi literatur, tanpa benar-benar memedulikan asal permasalahan filosofis yang berasal dari kehidupan sehari-hari (Heidegger, 1998b: 29-30)

Oleh karena itu, Heidegger menawarkan untuk menghindari dua hal dalam penelitian fenomenologi, yaitu: skema subjek-objek dan prasangka bebas nilai. Skema subjek-objek artinya pembedaan antara kesadaran dan apa yang nyata; kesadaran adalah "aku berpikir" atau sebuah pusat aku (*ego*), sedangkan apa yang nyata adalah entitas nyata yang hadir di depan seorang peneliti. (Heidegger, 1999a: 62-64). Penelitian fenomenologi seharusnya berorientasi ontologi sehingga tidak tepat menggunakan bingkai subjek-objek, sebab subjek terikat dengan dunianya di mana objek hadir. Penelitian filsafat untuk mencari arti sesuatu mengutamakan subjektivitas dari subjek (*subjectivity of the subject*) untuk memberikan arti sesuatu yang hadir di depannya (Heidegger, 1999b: 63). Skema subjek-objek merupakan bingkai epistemologi untuk menghadirkan objektivitas mengenai "kenyataan." Kata "kenyataan" menunjukkan karakter kehadiran "dalam dirinya sendiri" (*in itself*). Masalah kenyataan yang dibangun secara epistemologi, berusaha membuktikan Ada sebagai kehadiran objektif (*presence-at-hand*), yang mana menghasilkan variasi realisme (*realism*) dan idealisme (*idealism*). Realisme melihat sesuatu bebas dari subjektitivitas manusia terhadapnya. Untuk dapat mengetahui sesuatu di dalam dirinya sendiri (*in itself*) perlu berpegang kepada fakta yang nyata mengenai sesuatu. Idealisme menekankan bahwa kehadiran hanya "dalam pikiran", artinya pemahaman entitas tidak pernah dijelaskan lewat fakta entitas, tetapi telah mengatasi (*trancendental*) bagi semua entitas (Heidegger, 2001a: 251-252).

Heidegger melihat bahwa skema subjek dan objek mengabaikan dasar pembentukan arti yang dialami manusia. Arti kenyataan dari yang nyata berdasarkan apa yang dilihat manusia dalam suatu kejadian, tidak bisa dijelaskan berdasarkan apa yang nyata itu sendiri dengan mengandalkan metode ilmiah (*scientific method*) yang ketat, sebab memberi arti yang nyata tidak cukup hanya dengan menjejerkan fakta tanpa memberi penafsiran fakta, pada titik ini realisme berada di bawah idealisme. Sedangkan idealisme, jika kehadiran berarti kembali kepada kesadaran seseorang yang diklaim sebagai kesamaan untuk setiap orang yang berpikir logis, tetapi gagal mengklarifikasi darimana pemahaman itu berasal, maka penafsiran kenyataan yang dikonstruksi idealisme adalah kosong, artinya itu hanya berdasar keruntutan berpikir saja dan tidak lebih dari militan realis (Heidegger, 2001a: 251-252).

Sedangkan prasangka bebas nilai merupakan kata kunci untuk prinsip tertinggi ilmu (*science*) untuk mengkonstruksi teori. Prasangka ini merupakan bencana bagi penelitian filsafat, sebab merupakan kebutaan mendasar (*fundamental blindness*) untuk pertanyaan kritis. Pencarian dari suatu penelitian menjadi ditujukan kepada sesuatu yang terbukti pada dirinya sendiri (*self-evident*). Heidegger mengatakan seorang peneliti selalu sudah memiliki konteks kehidupan, seperti lingkungan sekitarnya, artinya dalam mendekati pokok masalah (*subject matter*), seorang peneliti telah memiliki motif yang hendak dikatakan. Bebas nilai hanya ketika tidak ada yang dilakukan, bebas nilai adalah ketakutan seseorang menghadapi wajah khalayak ramai (*public*) (Heidegger, 1999a: 63-64).

Heidegger menggunakan nama "ontologi" untuk menunjukkan nama bagi mode mengetahui di filsafat sebagai ilmu tentang Ada (*science of Being*), yang mana filsafat sebagai ilmu mengenai hakikat atau struktur dasar segala sesuatu, hanya bisa di akses melalui apa yang hadir menampak (*phenomenon*) ke hadapan seseorang. Menurut Heidegger, metode yang tepat bagi ontologi adalah fenomenologi (*phenomenology*), artinya "Ada" selalu kehadiran sebuah entitas yang menampak. Heidegger melihat fenomenologi bekerja dalam kehidupan sehari-hari untuk melihat arti, yang mana ini berdasarkan visi Fenomenologi Husserl untuk membaca sikap alamiah (*natural attitude*) manusia berhubungan dunia di sekitarnya. Tetapi, Heidegger mengatakan apa yang memandu fenomenologi melihat entitas di hadapannya menuju arti sebagai keseluruhan adalah seorang peneliti sendiri, artinya di dalam filsafat tidak ada jarak antara seorang peneliti dan apa yang diteliti, sebab hubungan peneliti dan apa yang diteliti "Ada dalam" (*Being-in*) kesejarahan peneliti itu sendiri, artinya seorang manusia yang meneiliti hadir di tengah-tengah situasi kesejarahannya sendiri dan memproyeksikan permasalahan dan rancangan penelitian dari sana, sehingga dalam sebuah penelitian filsafat, seorang peneliti filsafat tidak akan bisa melepaskan dari sejarah keberadaannya, akses kepada apa yang hadir di sekitarnya, dan cara penafsiran merupakan sesuatu yang unik (*peculiar*) untuk peneliti itu sendiri (Heidegger, 1975: 17).

Heidegger pada tingkat metode mendekati pertanyaan apa arti sesuatu secara umum tidak menggunakan bingkai epistemologi dalam aliran realisme dan idealisme, melainkan apa yang Heidegger sebut "perbedaan secara ontologi" (*ontological difference*). Perbedaan ontologi merupakan perbedaan pemahaman sesuatu (*ontological*) dan fakta sesuatu (*ontic*). Pemahaman sesuatu merupakan apa yang terungkap oleh seorang peneliti ketika melihat sesuatu. Apa yang ditemui dalam kehidupan sehari-hari adalah apa yang sudah dipahami sehingga dapat mengatakan "itu adalah" (*it is*). Pemahaman (*ontological*) adalah jalan memahami kehadiran sesuatu (*way of Being*) yang memandu permulaan penelitian dan membaca sebagai keseluruhan. Sedangkan, fakta (*ontic*) merupakan fakta yang menampak dari sesuatu sehingga dapat menjadi acuan (*referential*) untuk mengatakan sesuatu itu sebagai sesuatu. Apa yang menjadi acuan merupakan variasi yang menampak, seperti: simbol, dokumen, testimoni. Berdasarkan perbedaan secara ontologi, kata "arti" (*meaning*) bukan ide yang berdiri sendiri dan juga bukan nilai yang dilekatkan kepada sesuatu, melainkan apa yang dipahami seseorang sehingga dapat mengungkap arti keberadaan sesuatu di sekitarnya (Heidegger, 1975: 13-14).

Heidegger pada titik ini mengartikan "kebenaran" (*truth*) sebagai pengungkapan. Berdasarkan apa yang dimaksud "Ada" sebagai kehadiran dalam ruang dan waktu, kebenaran merupakan pengungkapan kehadiran sesuatu. Kebenaran dalam dirinya sendiri (*being-in-itself*) pada tempat pertama merupakan pengungkapan, "pengungkapan" adalah mencari kata-kata yang tepat untuk mengungkapkan arti sesuatu, sehingga kemungkinan kebenaran sebagai ketepatan mewakili dari sebuah pernyataan menjadi mungkin (Heidegger, 1994: 86-89).

Sedangkan secara ontologi, memberikan arti apa yang dimaksud "dalam dirinya sendiri" yang menjadi pencarian setiap filsafat. Kata "dalam dirinya sendiri" biasanya diartikan apa yang terbukti pada dirinya sendiri misalnya: "lingkaran adalah bulat." Tetapi, dalam kehidupan sehari-hari di mana seseorang berhubungan dengan apa yang nyata, fakta mengenai apa yang nyata tidak jelas pada dirinya sendiri, melainkan selalu ada di dalam sebuah konteks situasi, sebab, "Ada" sebagai apa yang hadir ke hadapan seseorang merupakan apa yang hadir paling dekat dari seseorang dalam dunia kerja (*work-world*). "Dunia kerja" artinya lingkungan sehari-hari yang dialami seseorang (Heidegger, 1985: 189-191). Misalnya, sebuah pisau, dengan menggunakan fakta-fakta sebuah pisau, seperti terdapat bagian sisi samping dan ujung yang tajam. Tetapi dari fakta sebuah pisau yang sama dapat dipahami secara berbeda dari cara menggunakan pisau tersebut, misalnya pisau yang digunakan pekerjaan seorang koki dan seorang pesulap sangat berbeda, seorang koki menggunakan pisau untuk mengiris dan membuat makanan, sedangkan pisau bagi pesulap digunakan untuk atraksi sulapnya, meskipun menggunakan fakta-fakta yang sama dari alat tersebut, tetapi pemahaman penggunaannya sangat berbeda.

Kata "dalam dirinya sendiri" dalam pemikiran Heidegger berarti struktur yang dipahami dari apa yang hadir dalam sebuah konteks acuan yang diperhatikan. Artinya, fenomenologi yang mengusung prinsip "kembali kepada sesuatu itu sendiri" berhubungan dengan subjektivitas peneliti yang memiliki pemahaman mengenai sesuatu, yang mana dengannya, peneliti telah memiliki pemahaman dan prasangka mengenai permasalahan dan jawaban, artinya telah memiliki praanggapan apa yang hendak dicari dan ditemukan (Heidegger, 1994: 60-61).

3.3 Ada (*Being*)

Heidegger melihat pertanyaan dasar filsafat adalah pertanyaan Ada (*question of Being*). Pertanyaan Ada secara metafisika diberikan oleh Plato dan Aristoteles, tetapi dasar pertanyaan arti Ada telah dibangun orang-orang Yunani sebelum mereka, Heidegger hanya berfilsafat membawa pertanyaan arti Ada kembali (Heidegger, 1985: 148-149). Pertanyaan Ada berbunyi "apa arti Ada?" (*"what meaning of Being?"*). Heidegger melihat terdapat tiga jawaban mengenai arti Ada, yang telah diterima secara umum, yaitu: pertama, kata "Ada" (*"Being"*) adalah konsep paling universal yang merangkum keseluruhan entitas. Heidegger melihat Aristoteles menggunakan kata "Ada" sebagai konsep umum tertinggi yang dapat diaplikasikan pada tiap sesuatu. Kedua, kata "Ada" tidak dapat didefinisikan lebih jauh, kata "Ada" merupakan universalitas tertinggi (*supreme universality*), dan dengan ini kata "Ada" dapat digunakan untuk setiap entitas tanpa memberikan masalah. Ketiga, Kata "Ada" adalah sebuah konsep yang terbukti pada dirinya sendiri (*self-evident*). Kata "Ada" merupakan kata yang selalu dapat dipahami tanpa ada keberatan lebih jauh. Misalnya, kata dalam bahasa Inggris: "*The sky is blue,*" (langit biru) kata "*is*" itu merupakan "Ada", artinya, tanpa diartikan lebih jauh, bahwa terdapat langit biru (Heidegger, 2001a: 22-24).

Kata "Ada" dalam prosedur filsafat secara umum berarti adalah nama universal yang kosong dan memeluk semua entitas (Heidegger, 2000a: 80). Tetapi juga terlihat menipu, kata "Ada" juga memiliki banyak arti, kata "Ada' terkesan kosong tetapi juga bukan sesuatu yang menunjuk pada dirinya sendiri, itu sesuatu yang tidak bisa ditentukan dengan satu nama yang cocok dan apa isinya, sebab "Ada" itu sendiri sesuatu yang unik (Heidegger, 1993b: 59). Tetapi jika kata "Ada" diletakkan sebagai kata tertinggi dan tidak dapat dibicarakan, artinya menjadi menguap, sebab arti "Ada" tidak ditanyakan lagi, hanya menjadi kata kosong yaitu sesuatu yang objektif bagi setiap orang (Heidegger, 2000a: 53). Heidegger melihat kata "Ada" sebagai apa yang hadir berhadap-hadapan (*Gegenwart*) dan memiliki karakter waktu di dalamnya. "Ada" membuka dirinya dalam kehadiran (*present*) yang berkelindan dengan waktu sehingga arti menjadi tersingkap, misalnya, seseorang menafsirkan suatu situasi sehingga arti suatu situasi menjadi tersingkap (Heidegger, 2001a: 47).

Heidegger meletakkan dasar pembentukan kehadiran adalah manusia Ada di dalam dunia. Ada di dalam (*Sein-in*) bukan seperti hubungan sesuatu mengisi ruang di dalam sesuatu lainnya seperti air di dalam gelas, air mengisi ruang di dalam gelas memiliki hubungan dalam ruang tetapi bukan dalam Ada (Heidegger, 1985: 157). Heidegger tidak melihat manusia sebagai sesuatu menubuh (*corporeal thing*) yang disebut tubuh manusia yang mengisi ruang yang disebut dunia. Kata "Ada di dalam" (*Being-in*) berasal dari kata *innan* yang berarti tinggal (*to dwell*); ada di dalam artinya seorang manusia sudah tinggal dengan sesuatu yang akrab (*familiar*) dengan dirinya. Tinggal di dalam dunia berhubungan dengan terlibat (*bei*), keterlibatan pada tempat pertama tidak menunjukkan sesuatu yang meruang melainkan apa yang akrab (*familiar*) dengannya, meskipun begitu, keterlibatan dengan sesuatu yang akrab sudah termasuk memiliki lokalitas tempat sebagai kedekatan seseorang dengan pengalaman lokal. Lokalitas tempat sebagai ada di dunia pada intinya adalah manusia sebagai *dasein* bertempat tinggal di dalam "tempat" yang menjadi asalnya dan telah familiar dengannya. Manusia tinggal di "tempat" asalnya sekaligus memiliki keterlibatan aktif membentuk "dunia" dan bukan sekedar ada seperti sebuah kursi di ruangan (Heidegger, 1985: 158-159).

Kata "dunia" mengacu dunia spiritual; ekspresi ini menangkap dunia yang dihidupi seorang manusia yang membentuk keberadaan dirinya, misalnya dunia seorang seniman (*world of an artist*), atau dunia religius seorang manusia (Heidegger, 2000a: 47). Kata "dunia" bukan jumlah total objek yang mungkin melainkan lingkungan kontekstual (*contextual milieu*) manusia hidup. "Ada di dalam dunia" artinya sudah terlibat dengan urusan keduniaan (*worldhood*) sehari-hari seperti bekerja melakukan sesuatu dengan sesuatu, memproduksi sesuatu, bertanya dan berdiskusi mengenai sesuatu; keseluruhan keterlibatan dengan dunia ini adalah karakter kepedulian mengenai sesuatu yang diperhatikan di dunia (Heidegger, 1985: 168-169).

Kepedulian merupakan struktur pengungkapan (*disclosedness*) yang ada di sana (*dasein*). Kata "di sana" (*"there"*) merupakan sesuatu yang ditemukan di dalam dunia dan dengannya pemahaman mengenai "dunia" menjadi terungkap. Apa yang ditemukan di "dunia" merupakan sesuatu yang berarti (*meaningfulness*), arti diperoleh dari pengungkapan dari apa yang dipahami di "dunia" tergantung dari apa yang dipedulikan. Ini artinya manusia tidak bisa acuh (*indifference*) terhadap fenomena yang menampak di "dunia", sebab manusia tidak sekadar menatap (*staring*) kepada "dunia" melainkan sudah hidup dan membentuk dunianya melalui kepedulian, itulah asal muasal kehadiran (Heidegger, 1985: 253).

Perasaan (*disposition*) merupakan pembentuk kepedulian. Perasaan mengacu pada keadaan suasana hati (*mood*). Perasaan mengekspresikan rasa yang membentuk jalan memahami sesuatu (*way of Being*) di dalam dunia sebagai mana adanya. Perasaan mengungkapan kehadiran sesuatu di dunia dalam kehidupan sehari-hari, apa yang dirasakan seseorang berdasarkan situasi yang hadir kepadanya, perasaan secara konkrit muncul dalam kehidupan sehari-hari bersama dengan bertemunya manusia dengan entitas yang lain. Heidegger melihat perasaan merupakan sesuatu sebelum adanya pengalaman (*a priori*), sebab di dalam perasaan sudah terkandung pemahaman, pemahaman merupakan dasar pengetahuan sebab pengungkapan apa yang hadir secara serentak sudah terlibat bersama apa yang dipahami (Heidegger, 1985: 254-257). Oleh karena itu, mendirikan hakikat dan arti sesuatu tidak bisa dibentuk dengan pengetahuan fakta melalui mengumpulkan banyaknya bukti dan fakta; sebaliknya, pembentukan arti hanya dapat diletakkan dari apa yang telah kita ketahui secara maju, yaitu pemahaman kita mengenai sesuatu, yang kita sudah rasakan ketika bertemu sesuatu, meskipun itu belum terberi secara konseptual (Heidegger, 1994: 83).

3.4. Waktu (*Time*)

Heidegger menanyakan apa yang dimaksud "waktu?" jika waktu berarti dalam keabadian, maka arti waktu dimulai dari keabadian. Berdasarkan jalan ini, seseorang dapat memulai dengan keabadian dan memahaminya. Jika keabadian adalah milik tuhan, artinya jalan satu-satunya memahami waktu melalui ilmu ketuhanan atau pembicaraan tentang ketuhanan. Jika akses kepada tuhan adalah keyakinan dan melibatkan diri dalam pembicaraan keabadian hanya melalui keyakinan; maka, filsafat tidak akan pernah sampai kepada keabadian, filsafat bahkan tidak akan pernah bisa meletakkan kebadian sebagai metodologi. Hanya para teolog (*theologian*) yang kemudian memiliki legitimasi membicarakan waktu (Heidegger, 1992c: 1).

Inti Heidegger berkaitan waktu adalah kehadiran sesuatu berhubungan dengan waktu. Heidegger mendapatkan ide pertama tentang waktu dalam konsep durasi (*duration*) dari Bergson. Bergson melihat durasi adalah waktu di dalam kehidupan sehari-hari, durasi berada dalam waktu di dunia dalam kehidupan sehari-hari. Durasi tidak dilihat secara kuantitatif waktu yang terlewati, melainkan secara kualitatif, artinya saat (*moment*) yang mengindividuasi tiap waktu yang terlewati, yaitu masa lalu, masa sekarang, masa yang akan datang (Heidegger, 2010c: 207).

Risalah (*treatise*) Bergson mengenai waktu, mengatakan bahwa waktu membentuk dasar konteks tertentu di dalam ruang secara serentak. Bergson melihat waktu merupakan kemungkinan adanya ruang, setiap kehadiran harus dibentuk dalam istilah waktu. Heidegger mengambil posisi lebih berhati-hati untuk tidak menyebut ruang adalah waktu, tapi adanya entitas hanya menunjuk kepada suatu waktu. Secara lebih tepat, Heidegger menekankan pemahaman manusia terhadap entitas (*beings*) adalah mungkin disebabkan waktu (Heidegger, 2010c: 222).

Heidegger kemudian melihat pandangan Kant bahwa waktu adalah cakrawala transendental Ada. Kalimat "waktu adalah cakrawala transcendental Ada" artinya waktu adalah struktur pertama yang menghadirkan material yang dengannya manusia dapat mengisi pikirannya. Pikiran (*cogitationes*) adalah wilayah (*region*) yang tidak berdiri sendiri, melainkan di isi dengan kehadiran apa yang menampak. Kant melihat waktu menghadirkan sesuatu yang menampak; sehingga Kant melihat kehadiran sesuatu di dalam waktu (*Being-in-time*). Alasan kehadiran sesuatu di di dalam waktu adalah semua yang menampak, baik penampakan luar sesuatu maupun kejadian mental bergantung dari struktur dasar yang merupakan kondisi *a priori*, jika secara *a priori* semua yang menampak di dalam ruang dan ditentukan secara *a priori* berdasar hubungan dengan ruang, maka secara prinsip semua entitas yang menampak ada di dalam waktu, sebab ruang secara keharusan (*necessarily*) berdiri dalam hubungan dengan waktu, sehingga secara keseluruhan apa yang dipikirkan seseorang harus dikembalikan kembali kepada kapan waktu dia memikirkan hal tersebut, agar kemudian menjadi jelas bahwa pikiran manusia terbatas untuk mengklaim keseluruhan situasi tanpa batas waktu (Heidegger, 2010c: 292-293).

Heidegger melihat apa yang mengatasi (*trancend*) kehadiran di dunia melalui ide Kant mengenai waktu. Kant mencari pengetahuan alam yang objektif, suatu penyatuan transendental yang mempersyaratkan terdapat sesuatu yang bertahan (*persist*), sesuatu yang menentukan apa yang terberi dalam setiap observasi. Kant melihat dengan kacamata *Cartesian* untuk mempersyaratkan kondisi kepastian secara *a priori* yang menentukan gerakan perubahan entitas yang dapat diuji secara empiris. Kant melihat waktu merupakan prinsip *a priori* yang mengolah hukum alam. Waktu membangun secara *a priori* kehadiran sebuah entitas dalam tiap saatnya. Kant mengatakan prinsip "keberadaan (*existence*) dalam waktu" yang mengekspresikan aturan hubungan waktu dengan kehadiran sesuatu. Kant melihat besarnya (*magnitude*) waktu kehadiran secara kuantitas disebut "durasi" (*"duration"*). Durasi kehadiran diukur "seberapa lama" dari kapan sampai kapan. Setiap "kapan" (*when*) lalu dapat ditentukan dengan sebuah "kemudian" (*"then"*); artinya determinasi waktu yang menentukan kehadiran pada durasi yang menentukan seberapa lama entitas bertahan, sehingga kehadiran sesuatu terbatas pada cakrawala waktu yang memungkinkan sesuatu itu (Heidegger, 2010c: 291).

Inti pemikiran Heidegger mengenai waktu adalah karakter waktu menyementarakan kehadiran sesuatu. Ini poin perbedaan utama dengan filsafat tradisional, yang mencari kehadiran yang tidak berubah dalam waktu, atau dengan kata lain, filsafat dalam tahanan metafisika kehadiran. Heidegger melihat, Karakter waktu (*time-character*) tentang apa yang hadir dan berubah adalah "sekarang" (*"now"*). Kata "sekarang" merupakan karakter waktu mengenai perubahan sesuatu yang ada di dalam ruang dan waktu. Pemahaman kata "sekarang" seperti pada kalimat: "sekarang, ketika sesuatu hadir" merupakan apa yang menentukan dari waktu yaitu apa yang hadir bagi seseorang. Kata "sekarang" menunjukkan sesuatu yang dapat diakses hanya bagi seorang peneliti pada saat tertentu dan bukan pada waktu yang lain. Sedangkan isi pengalaman yang terjadi "sekarang" murni berasal dan bagi peneliti sendiri di waktu tersebut; artinya jika ingin mengkomunikasikan isi pengalaman maka pengalaman tersebut merupakan kejadian (*event*) yang hadir secara ekslusif ke hadapan seorang peneliti dan tidak bagi orang lain. Heidegger mencontohkan, kalimat "sekarang, tepat ketika (*when*) pisau jatuh dari meja, aku merasa sakit" menunjukkan ketergantungan waktu (*time-determination*) yang merupakan kejadian: "sekarang, ketika pisau jatuh dari meja". Kata "sekarang" menunjukkan sesuatu yang hanya terjadi "sekarang" ketika pisau jatuh, tetapi "sekarang" sudah berubah bukan "sekarang" lagi, ketika waktu sudah berlalu satu jam, dengan kata lain seorang peneliti tidak bisa membuat sebuah konsep 'sekarang" sebagai suatu jalan mutlak untuk mengatakan sepanjang waktu konteks yang sama dapat dikatakan, alasannya apa yang menentukan "sekarang" hanya dapat dikatakan melalui "sekarang, ketika...". Setiap apa yang menentukan "sekarang" pada dasarnya relatif bagi sesuatu yang hadir ke hadapan peneliti (Heidegger, 2010c: 288).

3.5. Kebebasan Manusia

Pentingnya konsep kebebasan manusia dalam pemikiran Martin Heidegger berhubungan dengan kodrat kehadiran sesuatu dan kondisi manusia di era moderen; artinya, konsep ini memegang peran penting untuk mengubungkan pemikiran awal Heidegger mencari dasar keberadaan sesuatu atau bagaimana sesuatu dikatakan hadir, yang teletak dalam konsep Ada dan waktu (*Being and time*) dan pemikiran akhir mengenai pencarian hakikat teknologi. Konsep kebebasan manusia berhubungan dengan pencarian hakikat teknologi, Heidegger melihat hakikat teknologi berhubungan dengan kritiknya terhadap esensialisme (*essentialism*), Heidegger melihat esensialisme mengatur secara opresif keseluruhan keseluruhan perubahan sejarahan dan multiplisitas perubahan diarahkan pada satu prinsip yang tidak terbatas waktu (*timeless*) (Borgmann, 2005: 420-421).

Heidegger memunculkan konsep kebebasan manusia pertama kali pada perkuliahan musim panas 1930 di Universitas Freiburg. Tema perkuliahan tersebut adalah *The Essence Of Human Freedom, An Introduction To Philosophy*. Secara konseptual kebebasan secara positif mengacu kepada memiliki kewenangan untuk melakukan, dan secara negatif

Heidegger menyebut konsep kebebasan negatif (*negative freedom*) yang artinya seorang manusia tidak terikat sehingga bebas dari kekangan. Heidegger melihat masalah kebebasan berhubungan masalah mendasar metafisika, dan filsafat itu sendiri adalah metafisika. Filsafat berbeda dengan ilmu sebab filsafat sejak awal bertujuan kepada suatu keseluruhan. Tetapi, arah menuju suatu keseluruhan bukan karena pembedaan filsafat dan wilayah khusus yang dimiliki ilmu-ilmu khusus (*particular sciences*). Filsafat bukan berarti membuat jalan untuk mendapatkan posisi yang lebih tinggi untuk melihat sesuatu (*vantage point*) sehingga kita bisa mendapatkan posisi lebih baik sebagai pengamat, lebih baik daripada semua wilayah yang terlalu sempit dari ilmu khusus. Tujuan filsafat kepada suatu keseluruhan juga bukan membentuk jalan moral yang dipadukan diskusi filsafat sehingga semua orang dapat memahami permasalahan filsafat sekaligus mendapatkan jalan berpikir, bersikap, dan berkata positif (*edifice*). Secara mendasar, filsafat bukan pengetahuan teoritis yang disatukan dengan penerapan praktis, tetapi filsafat merupakan permulaan dari ilmu tetapi sekaligus menghubungkan sesuatu sebagai mana adanya dengan ilmu itu sendiri (Heidegger, 2002: 14).

Heidegger melihat bahwa filsafat sebagai keingintahuan menuju keseluruhan sama artinya dengan pencarian ada sebagaimana adanya (*being as such*) dan pencarian ada sebagaimana adanya sama dengan pergi menuju akar. Kata "ada sebagaimana adanya" (*being as such*) merupakan alih bahasa dari bahasa Latin, *ut tale, qua tale*, yang digunakan sebagai kata yang mengacu kepada metafisika pada masa abad pertengahan akhir. Kata "ada sebagaimana adanya" menunjuk kepada apa yang menghubungkan entitas secara keseluruhan. Pada titik ini, ada sebagaiman adanya berhubungan pergi menuju akar di dalam diri seseorang, kata "pergi menuju akar" mengacu kepada sesorang manusia yang sudah memiliki situasi kesejarahannya sendiri, dia ditantang untuk mempertanyakan akar keberadaan dirinya dan mengungkapkannya melaui suatu pertanyaan filsafat. Heidegger melihat filsafat mencari "akar" artinya pencarian ada sebagamana yang terungkap di dalam situasi kesejarahan seorang manusia itu sendiri, pada titik ini kebebasan manusia merupakan ruang pembuka untuk berfilsafat dan filsafat sendiri merupakan tempat kebebasan mengungkap akar sesuatu. Artinya, filsafat merupakan tempat yang memberikan kebebasan bagi seorang manusia mempertanyakan akar segala hal dengan kembali kepada penanya itu sendiri, sebab pertanyaan filsafat itu menantang seseorang untuk mengungkap apa yang dia tanyakan. Seorang penanya sebagai seorang manusia yang memiliki situasi kesejarahannya sendiri juga tidak perlu mencari akar sebagai hewan (*animals*) sebab pergi menuju akar berada dalam situasi kesejarahan seorang manusia dan bukan terletak pada pencarian hakikat manusia secara biologis (Heidegger, 2002: 23-24).

Paragraf di atas secara implisit memberikan gambaran masalah kebebasan, filsafat sebagai pencarian ada sebagaimana adanya adalah menuju akar dari segala sesuatu, tetapi jika kita survei dari sejarah filsafat barat, kita bisa lihat permasalahan kebebasan tidak pernah digenggam filsafat sebagai dasar yang menentukan filsafat itu sendiri, yaitu sebagai menuju ke akar, artinya filsafat tidak pernah mengarahkan kepada seorang penanya itu sendiri yang telah memiliki situasi kesejarahan. Malah sebaliknya, apa yang menjadi perhatian, terutama sejak filsafat moderen adalah meningkatkan filsafat menuju tingkat ilmu atau ilmu mutlak (*absolute science*), yaitu aktivitas murni teoritis, yang mana berdasar kant sebagai pengetahuan spekulatif (*speculative knowledge*) untuk meramalkan akar dari adanya segala sesuatu (Heidegger, 2002: 25).

Heidegger mengarahkan Permasalahan kebebasan manusia kepada bagaimana seseorang masuk ke alam filsafat.

Heidegger melihat saat ini terjadi salah kaprah dalam memahami filsafat sebagai pengetahuan mengenai hakikat (*essential knowledge*), berdasarkan kondisi saat ini, pengetahuan filsafat mengenai hakikat adalah pengetahuan yang terakhir dan tertinggi (*final and ultimate*), sedangkan pengetahuan ilmiah adalah pengetahuan permulaan. Tetapi sebenarnya itu terbalik. Pengetahuan ilmiah selalu menunjukkan kepenuhan, itu selalu beroperasi di dalam ruang penyelesaian metode ilmiahnya tanpa ada keberatan lebih jauh untuk menanyakan lebih jauh, pengetahuan ilmiah lebih mengarah kepada penjelasan dan membatasi pertanyaan hanya dalam lingkup penelitian itu semata. Ilmu pengetahuan tidak akan pernah melampaui batasan yang telah disusun dan tujuan setiap penelitian ilmiah menuju suatu hasil akhir. Filsafat di sisi lain, selalu dalam perubahan (*transformation*), bukan secara prinsip yang ditemukan lewat hasil penelitian, tetapi karena filsafat itu sendiri pada tempat pertama adala bertanya (*questioning*) dan hasil mengetahui dari bertanya itu harus siap untuk ditanyakan kembali, itulah perubahan. Oleh karena itu, seseorang perlu membebaskan dirinya dari bahaya menurunkan pengetahuan hakikat menjadi teknik belajar mengajar dan program meneliti dalam konteks keingintahuan ilmiah (Heidegger, 2002: 128)

Setelah perbedaan filsafat dan ilmu sedikit lebih jelas, selanjutnya, dirumuskan apa hubungan kebebasan manusia dan karakter filsafat sebagai menuju kepada keseluruhan. Heidegger melihat waktu sebagai cakrawala pemahaman Ada. Waktu sebagai cakrawala pemahaman Ada adalah individuasi apa yang hadir ke hadapan seseorang sehingga membentuk kondisi kemungkinan keberadaan seorang manusia. Sehingga waktu menjadi nafas paling luas yang memeluk kehadiran semua entitas. Berdasarkan hal ini, filsafat sebagai pencarian Ada sebagai keseluruhan, berhubungan dengan waktu seorang manusia berfilsafat dan waktu tersebut menyementarakan kehadiran apa yang dipikirkan seseorang tersebut, sekaligus mengindividuasi pemikiran seseorang tersebut kepada kapan waktu seseorang tersebut memikirkan Ada sebagai keseluruhan (Heidegger, 2002: 126).

Dengan kata lain hakikat waktu berkelindan dengan hakikat kebebasan seorang manusia untuk menyusun metafisikanya sendiri, yang mana Heidegger menyebut sebagai metafisika *Da-Sein*. Penjelasannya sebagai berikut, Ada atau kehadiran murni terletak di dalam waktu, sedangkan waktu itu sendiri merupakan cakrawala Ada dalam nafas paling luas, kedua hal ini membentuk keberadaan seseorang pada tingkat terdalam, kalimat "pada tingkat terdalam" mengacu kepada individuasi seorang manusia, bukan contoh-contoh manusia yang dihadirkan dalam berbagai macam kasus sehingga dicari kesamaannya, melainkan seorang manusia sebagai diri yang mengindividuasi bagi dirinya sendiri. Disinilah hakikat waktu bermukim di dalam individuasi seorang manusia. Waktu selalu waktu yang hadir untuk aku, waktu untuk aku, waktu untuk kamu, pembahasan mengenai waktu selalu waktu yang mempribadi yang menjadi dasar keberadaan seseorang (Heidegger, 2002: 89-90).

Berdasarkan waktu sebagai cakrawala Ada dan waktu selalu waktu yang mengindividuasi bagi keberadaan aku, maka seharusnya terdapat banyak arah keingintahuan dan banyak pula cakrawala untuk sampai kepada hakikat, maka kemungkinan metafisika sebagai pemikiran menuju keseluruhan hanya dapat mungkin jika terdapat kebebasan manusia untuk menyusun metafisika. Hakikat kebebasan hanya datang dalam pandangan jika kita mencari sebagai dasar Ada di sana (*Da-Sein*), inilah pengutamaan Ada dan waktu. Pada titik ini, masalah mendasar filsafat yaitu bagaimana metafisika menjadi mungkin, didasarkan kepada hakikat kebebasan. Heidegger menjawab, kebebasan bukan sesuatu yang khusus diantara sesuatu yang lain, tetapi sesuatu yang superordinat dan mengatur hubungan dengan suatu keseluruhan. Kebebasan merupakan dasar kemungkinan kebebasan manusia, kebebasan itu sendiri lebih dulu adanya daripada manusia. Manusia hanya pengelola kebebasan, artinya dia hanya bisa mengungkapkan kebebasan yang diberikan kepadanya, melalui suatu jalan yang kebetulan hadir di hadapannya untuk menuju keseluruhan (Heidegger, 2002: 93).

BAB IV: TEKNOLOGI

Borgmann (2005: 420) mengatakan bahwa teknologi merupakan topik paling penting dari pemikiran Heidegger. Alasannya adalah ketika Heidegger mencari arti kehadiran pada tingkat terdalam, Heidegger berdasar pembicaraan filosofis bersama dengan pemikir Yunani; menemukan kodrat kehadiran sesuatu berdasar apa yang dipahami seseorang di dalam kehidupan sehari-hari, tetapi kondisi manusia di abad moderen ini berbeda, teknologi membentuk pembingkaian terhadap pemahaman seseorang sehingga membuat akar pemahaman menjadi tumpul.

Borgmann (2005: 420-421) mengatakan meskipun begitu pentingnya pemikiran tentang teknologi, tetapi begitu sedikit Heidegger menulis dan memberi kuliah mengenai itu. Meskipun begitu, terdapat sesuatu yang menjadi inti pandangan Heidegger melihat teknologi moderen, Heidegger melihat bahwa teknologi moderen adalah bukan alat yang bebas nilai dan terdapat misteri dari keberadaannya. Pencarian hakikat teknologi yang Heidegger lakukan tidak terlepas kritik terhadap esensialisme (*essentialism*) yang telah disusun sejak penyusunan buku *Being and Time*. Heidegger melakukan kritik terhadap esensialisme sebab esensialisme secara opresif menekankan dominasi struktur yang yang tidak berubah atau tidak mengenal batas waktu dan pencarian kesamaan untuk semua orang.

Pada titik ini, bahkan pada buku *Being and Time*, Heidegger telah menulis filsafat teknologi, pandangan filsafat teknologi martin Heidegger di dalam konsep ketidakautentikan manusia di abad moderen yang disebabkan akar berpikir kesamaan yang ditekankan teknologi, seorang manusia di abad moderen harus dikekang untuk menyesuaikan dengan pandangan orang pada umumnya atau Heidegger menyebut "mereka" (*the they*). Terdapat tiga karakter budaya kehidupan dunia moderen yang dipaksakan "mereka" kepada seseorang, yaitu: pertama, "*idle talk*" yaitu jalan mengetahui dan berbicara tanpa ada keberanian mempertaruhkan apa yang dipahami, melainkan hanya berbicara apa yang sudah di ulang-ulang oleh banyak orang atau dengan kata lain berbicara sesuai opini publik dan bahkan tanpa keberanian untuk menanyakan kembali apa yang sudah diterima secara publik itu. Contohnya: daripada membaca buku seorang filsuf dan menafsirkan pandangan filsuf dari pemahaman sendiri, seseorang merasa lebih nyaman mendapat pengetahuan dari majalah, laporan penelitian, tulisan komentator dan bahkan film untuk mengungkapkan apa yang dia pahami. Kedua, "keingintahuan" (*curiosity*), yaitu semacam usaha tanpa lelah untuk mengumpulkan informasi, hal ini merupakan dasar abad moderen untuk memberikan banyak informasi sehingga seseorang menjadi kehilangan waktu untuk mencari apa yang paling mendasar bagi dirnya. Media informasi secara tidak langsung memaksa seseorang untuk mempunyai keingintahuan untuk mengumpulkan informasi terus menerus. Misalnya, sebuah berita memberikan informasi sekaligus membuat berita itu adalah sesuatu yang sangat penting, setiap kali muncul berita baru, muncul juga penekanan pentingnya berita baru tersebut. Hal ini memaksa secara tidak langsung agar seseorang selalu mengikuti berita baru agar tidak ketinggalan berita oleh teman-temanya, yang mana lingkungan pertemanan mendasarkan pembicaraannya kepada *idle talk*. Terakhir, "ambiguitas" (*ambiguity*) yaitu kehilangan kewenangan mengatur diri sendiri dan meletakkan beban tanggung jawab pandangan kita sendiri kepada opini yang sudah diterima oleh orang banyak, atau dengan kata lain, kapasitas pemahaman, penafsiran diri kita dikosongkan untuk mengikuti apa yang sudah aman diterima orang banyak. Inilah struktur dasar teknologi yang teraplikasi dalam masyarakat moderen (Borgman, 2005: 422).

Berdasarkan apa yang dikatakan Borgman di atas, peneliti melihat Heidegger (1977: 12) berusaha mengembalikan permasalahan teknologi dari asal mula kata tersebut, yaitu berasal dari kata *technikon* yang berdasar rumpun kata yunani *technē*. Heidegger (1997:272-273) melihat "*technē*" bersangkut-paut dengan pertanyaan Ada sebagai keseluruhan, lebih tepatnya *technē* merupakan metode sofis (*sophist*) untuk menghadirkan Ada sebagai keseluruhan, tetapi mode penghadiran Ada sebagai keseluruhan melalui *technē* hanya berdasar keruntutan logis, sofis tidak mengembalikan permasalahan kepada sesuatu itu sendiri dan hanya meniru apa yang dilakukan filsuf (*philosopher*). Sedangkan seorang filsuf yang digambarkan bernama Sokrates menggunakan metode berbeda; yaitu dialog: tanya-jawab, atau di dalam bahasa Yunani disebut "*legein,*" yang mana seorang filsuf mendapatkan pengetahuan sesuatu sebagaimana adanya melalui penghadiran diri secara langsung melalui pertanyaan dan jawaban secara rangkaian yang berturt-turut.

Peneliti mengatakan sebelumnya bahwa pertanyaan apa hakekat teknologi berkelindan dengan pertanyaan Adanya keseluruhan yang ada (*Being of beings*), tetapi sebelum menjelaskan lebih jauh mengenai apa itu "*technē*" yang merupakan metode sofis dalam mengungkapkan keberadaannya, kita perlu mengetahui apa itu sofis, yang memiliki jalan mengada sofistri. Heidegger melihat (1997: 148-149) apa yang dipedulikan dalam sofsitri adalah pendidikan, yaitu pendidikan mengenai "berdebat dengan baik," apa yang diutamakan oleh sofis murni kemampuan untuk berbicara dengan cara luar biasa tentang apapun. Apa yang ideal didalam jalan mengada sofistri adalah berorientasi kepada bentuk pidato dan ceramah dengan masuk akal dan indah tanpa benar-benar peduli mengenai isi yang disampaikan telah sampai pada akar permasalahan.

Heidegger (1997: 159-160) melihat sofis berbicara tentang apapun tanpa ikatan dengan isi yang bersemayam di dalam dirinya, sebab seorang sofis hanya melihat jalan pembicaraan melalui pidatonya, hanya sejauh jalan akses kepada perdagangan, artinya disatu sisi, seorang sofis adalah seorang guru yang memiliki stok pengetahuan, tetapi di lain sisi, pengetahuan tersebut berfungsi untuk dijual kepada orang yang mau membayar untuk mendapatkan pengetahuan darinya. Sedangkan *jalan mengada* seorang filsuf yang dimotori Sokrates adalah pengungkapan itu sendiri, seorang filsuf tidak mengada melalui bentuk pidato yang indah, tetapi melalui dialog (*legein*), yang mana di sana terdapat pembicaraan mengenai arti keseluruhan yang ada dan struktur yang mendasarinya dengan serius sebagaimana dia ada di rumah (*home*) bersama dengan dirinya dan keseluruhan entitas yang melingkupinya.

Di dalam buku *Nicomachean Ethics* VI, *technē* sebagai metode untuk mengungkapkan sesuatu, kata "*technē*" berarti mengetahui-bagaimana (*know-how*) dalam tingkat yang paling asli, cara "mengetahui-bagaimana" selalu berorientasi kepada produksi, yaitu sebagai pemandu dalam proses produksi sesuatu. *Technē* di dalam suatu proses produksi merupakan suatu cetak biru yang menentukan hasil produksi. Berdasar perencanaan di dalam *technē*, misalnya merencanakan membuat rumah, seorang pembuat rumah melakukan proses kontruksi membuat rumah-rumah (Heidegger, 1997: 28-29).

Di dalam konteks *technē* seorang sofis, sofis sebagai pengajar yang memiliki pengetahuan, menawarkan *technē* dalam bidang orasi dan perdebatan, sofis menarik orang-orang dengan orasinya dan di saat yang sama sebagaimana seorang pedagang, menawarkan cara "mengetahui-bagaimana" untuk berbicara dengan menawan, dengan kata lain, barang dagangan sofis adalah pengetahuan mengenai cara "mengetahui-bagaimana" dalam konteks orasi dan perdebatan, sofis tidak memperdagangkan kesenangan melainkan pengajaran yang mengantarkan kepada keseriusan berpikir. Seorang sofis menumpuk pengetahuan mengenai cara "mengetahui-bagaimana" menarik perhatian orang-orang melalui orasi yang menawan, lalu berjalan dari satu kota ke kota lainnya untuk mengecer (*retail*) pengetahuan yang penting bagi jiwa dan kehidupan para pendengarnya (Heidegger, 1997: 207-208). Apa yang penting secara mendasar berkaitan fenomena keberadaan sofis dan metode *technē* dari sofis adalah fakta bahwa dia tidak hanya merupakan ahli meyakinkan orang lain tetapi dia juga memperdagangkan pengetahuan mengenai "mengetahui-bagaimana" berorasi dengan indah untuk menarik perhatian khalayak ramai (Heidegger, 1997: 209-210).

Pada titik ini terungkap bahwa kata "*technē*" yang merupakan akar dari teknologi, meupakan istilah yang secara konkrit berasal dari *milieu* produksi (*production*) dan perdagangan (*commerce*), yang mana secara khusus Plato mengarahkan *technē* sebagai kepada sesuatu yang diperdagangkan oleh para sofis, yaitu cara "mengetahui-bagaimana" (*technē*) untuk berorasi dengan indah sehingga dapat meyakinkan pendengar mengenai topik Ada sebagai keseluruhan (Heidegger, 1997: 268). Plato dengan menggambarkan adanya sofis, bertujuan menunjukkan adanya seorang filsuf juga, yang mana dia juga berkelindan dalam pembicaraan (*legein*), tetapi berbicara tidak dalam bentuk orasi maupun retorika. Sebalikanya, tema yang diangkat oleh seorang filsuf adalah pengejawantahan diri dari seorang filsuf dan seseorang yang diajak berkomunikasi. Berbicara sebagai jalan mengada seseorang untuk mengekspresikan pemahaman diri kepada orang lain dan sekaligus keduanya mencari solusi dari sebuah pokok permasalahan yang dibicarakan. Perbedaan seorang filsuf dan seorang sofis adalah seorang sofis memiliki stok pengetahuan dan mempunyai catatan di saku untuk ceramah mengenai segala macam hal. Sedangkan seorang filsuf pertama yang digambarkan bernama Sokrates, seperti seorang anak kecil yang selalu memiliki hasrat untuk mendapatkan pengetahuan diri sekaligus pengungkapan diri di waktu yang sama, artinya seorang filsuf merupakan seseorang yang siap mempelajari lagi dari awal setiap apa yang sudah dia ketahui (Heidegger, 1997: 218-220).

Berdasarkan asal kata teknologi dari kata bahasa Yunani *technē* yang berasal dari *milieu* aktivitas produksi dan perdagangan, Heidegger menyusun konsep hakikat teknologi moderen sebagai jalan pengungkapan (*way of revealing*), tetapi jalan pengungkapan teknologi modern adalah pembingkaian (*enframing*), kata "pembingkaian" mengacu kepada sifat teknologi untuk mengatur (*setting-upon*) untuk mengungkap; "mengungkap" di sini bukan mengungkap sebagaima adanya melainkan membuka kunci (*unlocks*) dari sesuatu sebagaimana adanya untuk diarahkan untuk mendapatkan keuntungan tertinggi dengan pengeluaran paling sedikit. Heidegger mencontohkan, jembatan kayu tua di sungai Rhine di Jerman mengungkap hubungan antara dua ujung sungai, ini adalah pengungkapan sebagaimana adanya. Berbeda dengan pembangkit listrik tenaga air (*hydroelectric plant*) yang diatur di sungi Rhine. Pembangkit listrik tersebut membuka apa yang terkunci dari aliran air untuk menggerakkan turbin untuk menghasilkan listrik darinya. Sungai kemudian tidak lagi dilihat sebagai sungai, melainkan sebagai penyedia sumber daya listrik (Heidegger, 1977: 14-16).

BAB V: *GESTELL* DAN NIHILISME

5.1. Struktur Dasar Metafisika: Ada sebagai Nilai

Metafisika adalah sebuah nama bagi pertanyaan paling tepat bagi filsafat. Pertanyaan ini adalah pertanyaan yang merangkum keseluruhan yang ditanyakan. Metafisika menanyakan prinsip (*archē*), artinya apa yang mengatur segala yang ada pada tingkat permulaan. Kata "*arche*" berarti "memulai", itu berarti apa yang berdiri pada permulaan dan mengatur segala hal. Filsafat mencari prinsip pertama, yaitu ketika mengacu kepada keseluruhan yang ada dalam kata "Ada" (*das Seinde*). Pertanyaan mendasar filsafat adalah: apa itu Ada? (*Ti to on?*) (Heidegger, 1956: 81-85).

Filsafat sebagai metafisika membagi "Ada" menjadi dua, yaitu: keapaan sesuatu (*essentia*) dan sesuatu yang memiliki keberadaan (*existentia*). Contoh dari hal ini adalah sebuah pohon yang tumbuh di halaman rumah merupakan pohon yang sungguh-sungguh ada (*actual*) atau memiliki keberadaan (*existentia*). Sedangkan esensi (*essentia*) pohon ditentukan apa yang menjadi dasar sesuatu itu disebut "pohon", yaitu kelompok umum (*genos*) dalam artian apa yang menjadi kesamaan (*koinon*) kepada banyak entitas. Esensi menjadi nama struktur sesuatu yang membuat sesuatu sungguh-sungguh ada (Heidegger, 2000a: 84).

Keapaan sesuatu (*essence*) dan sesuatu itu (*existentia*) berasal dari pemikiran orang-orang Yunani, dimulai dari Plato lalu dilanjutkan pemikiran Aristoteles, yang membawa perbedaan ini ke dalam konsep. Aristoteles menanyakan apa artinya sesuatu itu Ada? (*what is a Being*)? Di dalam buku *metaphysics Z*, Aristoteles menjelaskan, terdapat dua tingkat kehadiran, kehadiran tingkat pertama adalah sesuatu itu (*hoti estin*), misalnya, "paman andi sedang menyapu lantai itu." Kehadiran tingkat kedua berasal dari apa yang hadir dari kehadiran pertama, lalu menarik apa yang menjadi asal hal itu dan membuat kehadirannya bertahan, misalnya, "manusia adalah makhluk hidup" (Heidegger. 1987: 168-169).

Metafisika yang berarti pengetahuan mengenai apa yang paling hadir dari keseluruhan entitas (*Being of beings*). Metafisika kemudian merupakan pencarian kehadiran yang paling universal dan memiliki karakter sudah ada sebelumnya. Apa yang sudah ada sebelumnya (*a priori*) dalam bahasa Yunani disebut "*proteron*". Kata "*Proteron*" mengacu pada "*proteron pros hēmas*" yang berarti mereka yang merupakan prioritas sudah ada sebelumnya (*previous*) yang secara khusus memiliki hubungan dengan kita sebagai sesuatu yang terberi dan kesamaan (*koinon*) bagi semua entitas. Plato merupakan pemikir metafisika pertama. Plato membentuk apa yang paling hadir dari keseluruhan entitas (*Being of beings*) adalah ide (*eidos*). Ide (*eidos*) dalam pemikiran Plato bukan nama bagi paham "perwakilan" (*representation*) dari subjek berkesadaran, melainkan ide adalah suatu ide universal yang merupakan kesamaan (*koinon*) dan ideal bagi semua entitas yang berasal dari tempat di surga (*heavenly place*) (Heidegger, 1982: 161-162).

Plato membentuk dasar kehadiran adalah ide dan ide tertinggi yang memungkinkan pengungkapan (*unconcealment*) kehadiran keseluruhan entitas disebut "ide kebaikan" ("*agathon*"). Ide kebaikan mengambil matahari sebagai gambarannya. Terdapat beberapa penafsiran mengenai apa yang dimaksud "*agathon*", pada era kristiani, kata "*agathon*" diartikan secara teologis sebagai tuhan pencipta (*Deus creator*). Penafsiran kedua, kata "*agathon*" berhubungan dengan moral kristiani yaitu berperilaku baik dan taat akan peraturan. Heidegger menafsirkan, bagi orang-orang Yunani "*agathon*" berarti apa yang sesuai; yaitu apa yang membuat sesuatu sebagaimana adanya menjadi sesuai dengan ide. *Agathon* merupakan apa yang membuat sesuatu cocok sebagai sesuatu sebagai keseluruhan. Pada titik ini, terletak langkah yang menentukan bagi semua metafisika, *Agathon* merupakan apa yang membuat sesuatu cocok sebagai suatu keseluruhan, dengan kata lain *agathon* adalah sebuah kondisi kemungkinan yang memungkinkan metafisika (Heidegger, 1982: 168-169).

Heidegger melihat ketika Plato membentuk metafisika ide (*eidos*), dan pada saat yang sama ide tertinggi adalah *agathon* yang diartikan sebagai kondisi kemungkinan yang memungkinkan terbentuknya ide, dua hal ini merupakan akar berpikir secara penilaian (*valuative thought*) sebagai inti metafisika. "Ada" (*Being*) artinya kehadiran murni dan sekaligus apa yang membuat mungkin kehadiran entitas lainnya. Heidegger melihat peran "*Agathon*" sebagai apa yang membuat mungkin dan kondisi kemungkinan merupakan pembentukan apa yang hadir ke hadapan seseorang menjadi nilai. Alasannya "nilai" (*value*) pada intinya merupakan memperkirakan (*estimating*) sesuatu sebagai apa yang pasti benar dalam artian tepat mewakili dan meletakkannya pada posisi tertinggi. Apa yang penting dari memperkirakan adalah memperhitungkan (*reckoning*). Memperhitungkan berarti meletakkan sesuatu dalam persetujuan (*accordance*) yang mana segala hal dihitung. Memperhitungkan kemudian menjadi meletakkan kondisi yang mana segala hal dapat dihitung. Apa yang penting dari "memperhitungkan" adalah membentuk apa yang mewakili dan menghadirkan kondisi kemungkinan atas semua entitas sebagai "Ada" (*Being*) secara metafisika. Kata "Ada" berubah dari apa yang hadir ke hadapan seseorang menjadi apa yang pasti hadir dari setiap entitas dengan dasar perhitungan (*calculation*) apa yang paling mewakili entitas. Disinilah "Ada" memiliki karakter dasar nilai, yaitu segala hal dinilai (*evaluated*) dan nilai menjadi kondisi kemungkinan yang memungkinkan kehadiran sesuatu (Heidegger, 1982: 174-177).

Heidegger melihat "Ada" atau kehadiran murni berubah menjadi nilai ketika meletakkan secara mutlak sebuah entitas untuk mewakili kehadiran semua entitas. Hanya ketika segala entitas hendak digenggam menggunakan perhitungan dan perkiraan untuk diletakkan di dalam sebuah nama untuk mewakili segala sesuatu sebagai entitas pertama dan tertinggi, maka "Ada" sebagai kehadiran murni diubah menjadi nilai tertinggi (Heidegger, 1982: 177).

Arti paragraf di atas, metafisika yang berarti pemikiran mengenai asal kehadiran murni atau "Ada" yang memungkinkan kehadiran entitas lain sebagai keseluruhan, dimulai dari Plato mewakili "Ada" sebagai ide yang memiliki karakter sudah ada sebelumnya (*a priori*), "Ada" sebagai apa yang sudah ada sebelumnya mengatur kehadiran entitas, menunjukkan sebagai sesuatu yang terletak di atas entitas, inilah yang disebut "*meta ta physika* " atau nama bagi pengetahuan mengenai kehadiran yang melampaui (*meta*) semua entitas yang memiliki fisik, yang saat ini disebut metafisika (*metaphysics*). Pada titik ini, dasar pemikiran metafisika secara tersirat adalah berpikir menilai; sebab, "Ada" bukan lagi kehadiran sebagaimana adanya atau apa yang hadir ke hadapan seseorang. yang bisa muncul dan menghilang berdasarkan cakrawala waktu, tetapi, "Ada" menjadi apa yang selalu hadir secara konstan di dalam setiap entitas. Berdasar pembentukan metafisika oleh Plato, pada dasarnya metafisika merupakan berpikir menilai dari segala entitas yang berubah, mencari satu nama apa yang tidak berubah dan selalu hadir dalam setiap kehadiran entitas (Heidegger,1982: 164).

Heidegger melihat metafisika adalah berpikir penilaian (*valuative thinking*) dipersiapkan Plato melalui ajaran Ada sebagai ide dan ide tertinggi adalah "*agathon*" yaitu apa yang membuat mungkin dan kondisi kemungkinan metafisika. Kemudian muncul Descartes yang membentuk metafisika subjek, yaitu seseorang mencari ide yang berasal dari dirinya sekaligus objektif mewakili manusia berdasar sesuatu hal yang sudah ada sebelumnya (*hypokeymenon*). Metafisika Descartes adalah metafisika subjek, yaitu seseorang mewakili dirinya sebagai subjek, untuk membentuk sebuah sistem yang memperhitungkan keseluruhan entitas hadir secara objektif. Descartes membentuk kondisi yang mana seseorang harus selalu memperhitungkan (*reckoning*) dalam sistem yang disusun untuk dapat mewakili semua orang, kondisi ini Heidegger sebut dengan "nilai" (Heidegger, 1982: 174).

Descartes membentuk manusia menjadi subjek (*subject*) yang berusaha mendapatkan kebebasan manusia melalui subjektivisme tetapi sekaligus objektif. Arti "manusia menjadi subjek" dan "mendapatkan kebebasan manusia melalui subjektivisme sekaligus objektif" adalah prinsip Descartes "*cogito, ergo sum*" memberikan status baru kepada manusia, bahwa manusia tidak lagi menerima lagi secara sederhana doktrin keyakinan, tetapi manusia mengetahui dirinya secara mutlak dan pasti bahwa dirinya merupakan peletak dasar dan ukuran untuk semua kepastian dan kebenaran. Heidegger melihat prinsip ini tidak lebih jauh dari perkataan sofis Yunani kuno bernama Protagoras, yang mengatakan "manusia adalah ukuran segala sesuatu" (*man is the measure of all things*) (Heidegger, 1977: 90). Tetapi Protagoras tidak menyisipkan paham perwakilan di dalam pemikirannya; artinya, memang Protagoras mengatakan "manusia adalah ukuran segala sesuatu" tetapi sejauh apa kehadiran yang dapat dicerap manusia itu; sehingga pada Protagoras "manusia adalah ukuran segala sesuatu" mengacu kepada manusia merupakan makhluk yang memiliki kapasitas mengungkap kehadiran sesuatu tanpa mewakili ketepatan bagi setiap orang (Heidegger, 1977: 93).

Metafisika Descartes adalah metafisika subjek, hal ini berbeda dengan apa yang dipikirkan Protagoras, metafisika subjek mengacu kepada pertukaran timbal balik (*reciprocal*) antara subjektivisme dan objektivisme lewat paham mewakili, artinya seorang manusia sebagai subjek mewakili kepada dirinya bahwa apa yang berasal dari dirnya sekaligus sama bagi semua orang. Kata "subjek" (*subject*) berasal dari kata *subiektum*, alih bahasa dari bahasa Yunani *Hypokeimenon*, artinya itu yang telah ada sebelumnya, mengumpulkan segalanya menuju dirinya, inilah metafisika subjek yang mana tidak ada hubungan khusus kepada manusia dan tidak ada hubungan sama sekali kepada subjektivitas dari aku (Heidegger, 1977: 128).

Prinsip dasar metafisika subjek adalah apa yang paling hadir disebut "Ada" merupakan perwakilan (*represent*). Tetapi mewakili tidak sekedar menghadirkan kembali (*re-present*) apa yang hadir disekitarnya, melainkan mewakili apa yang pasti sama untuk semua manusia. Kepastian menjadi arti bagi kebenaran, dan kebenaran memperoleh dasar dari "aku berpikir" (*"cogito"*). Kebenaran berdasar ketepatan mewakili, memiliki dasar dalam subjektivitas untuk mencari apa yang sudah ada sebelumnya sehingga sampai pada kepastian yang tidak terbantahkan. Misalnya, Berpikir merupakan fakta yang mewakili manusia secara keseluruhan yaitu berpikir merupakan keunikan manusia dibedakan dari tumbuhan dan hewan, maka keapaan manusia sebagai makhluk berpikir (*creature of reason*) (Heidegger, 1987: 139-140).

Heidegger melihat pemikiran metafisika sebagai pencarian nilai tertinggi juga terdapat dalam pemikiran Aristoteles dan Kant, yaitu apa yang disebut "kategori" (*categories*). Kata "kategori" (*categories*) berasal dari kata Yunani *katēgorein* yang muncul dari kata *kata* dan *agoreuin*. Kata "*kata*" berarti pergi ke atas untuk melihat ke bawah, sedangkan kata "*agoreuin*" berarti mengumpulkan orang-orang. Maka, kata "*katēgorein*" berarti klaim secara tersurat mengenai sesuatu. Filsafat sebagai metafisika berurusan dengan "kategori" secara khusus. Kategori (*categories*) adalah apa yang paling universal dari apa yang bisa dikatakan entitas sebagaimana adanya. Keseluruhan yang ada digenggam dan dirangkum menjadi nilai tertinggi (*uppermost value*). Kategori adalah jalan mengartikan suatu entitas sebagai nilai tertinggi yang merangkum entitas-entitas lain di dalam nama entitas tersebut. (Heidegger, 1982: 36-41).

Heidegger (1977: 171-75) melihat Nietzsche mengungkapkan metafisika sebagai pencarian nilai tertinggi. Nietzsche melihat pencarian "Ada" di dalam metafisika sebagai pencarian nilai tertinggi yang didasari kehendak berkuasa (*will to power*) sebagai karakter dasar (*fundamental character*) entitas. Konteks "kehendak berkuasa (*will to power*) sebagai karakter dasar (*fundamental character*) entitas" muncul pada bagian kedua buku *Thus Spoke Zarathustra*, yaitu: "di mana aku menemukan kehidupan, di sana aku menemukan kehendak berkuasa; bahkan pada orang yang melayani, aku menemukan kehendak menjadi tuan (*master*)." Artinya, bukan pelayan dapat meninggalkan begitu saja peran sebagai pelayan dan menjadikan dirinya tuan, melainkan, bawahan sebagai bawahan, pelayan sebagai pelayan, selalu memiliki kehendak di dalam hatinya untuk memerintah dirinya, menjadi tuan bagi dirinya. Berkehendak bukan sekedar berhasrat, juga bukan sekedar mengejar sesuatu, melainkan, berkehendak di dalam dirinya memerintah. Berkehendak adalah memerintah diri seseorang. Seseorang yang berkehendak artinya dia yang mampu memerintah dirinya untuk membuktikan bahwa dia superior untuk dirinya, dan hal ini tidak berhubungan dengan memerintah orang lain (Heidegger, 1977: 77).

Nietzsche melihat "kehendak berkuasa" (*"will to power"*) sebagai sebuah prinsip metafisika untuk menilai kembali semua nilai (*revaluing all value*). Arti "nilai" adalah sudut pandang (*point of view*) yang membentuk kondisi dengan memperhatikan bentuk kehidupan yang rumit dalam kemenjadian (*becoming*). Nilai sebagai sudut pandang artinya nilai memberikan kondisi untuk mempertahankan dan memperkuat apa yang diyakini seseorang dalam kehidupannya, sedangkan kehidupan itu merupakan sesuatu yang rumit dan tidak stabil, oleh karena itu nilai memberikan kondisi untuk mengamankan posisi manusia dalam hidup. Sedangkan "kemenjadian" (*becoming*) mengacu kepada aktualitas metafisika, yaitu pergantian dari satu metafisika ke metafisika lainnya. Maka Heidegger melihat metafisika kehendak berkuasa sebagai pengakhir metafisika, sebab metafisika telah sampai kepada titik asal sebenarnya sekaligus titik tertinggi, yaitu metafisika pada dasarnya merupakan prinsip meletakkan nilai (*value-positing*).

Nietzsche berdasar metafisika kehendak berkuasa, menilai kembali metafisika dan mengumandangkan "tuhan mati" (*god is dead*). Kata "tuhan mati" tidak berhubungan dengan ateisme yang diajarkan paham sekuler, dan mengatakan "tidak percaya adanya tuhan." Nietzsche menunjuk nama "tuhan" sebagai akar dunia transenden (*beyond-world*) yang menentukan apa yang ideal. Tempat yang sejak Plato, atau lebih tepatnya, sejak masa Yunani akhir dan kristiani menafsirkan pemikiran Plato, sebagai asal metafisika atau tempat yang melampaui (*beyond*) dunia penginderaan (*sensory world*). Maklumat "tuhan mati" maksudnya: dunia yang melampaui penginderaan telah kehilangan kekuatan efektifnya. Nietzsche melihat "kehendak berkuasa" sebagai karakter mendasar apa yang hidup, dunia penginderaan muncul dan menjadi yang sebenarnya, bersama dengan kehendak berkuasa, manusia menjadi penguasa bumi. Niezsche melihat membalik (*overturn*) metafisika dari atas ke bawah sebagai melampaui (*overcome*) metafisika (Heidegger, 1977: 75).

Metafisika kehendak berkuasa terletak pada menjadi tuan pada saat apa pun. Inti kekuasaan secara mendasar adalah memperkuat kekuasaan, sedangkan kehendak ada di dalam diri seseorang yang secara inheren mencari kekuasaan. Maka nama "kehendak berkuasa" artinya bukan lain sebuah jalan untuk menghendaki sesuatu menjadi sesuatu sebagaimana memerintah. Memerintah adalah menyatukan sesuatu itu sendiri seperti apa yang dikehendaki. Kehendak dan kekuasaan tidak ada (*exist*) bagi dirinya sendiri, tetapi ketika "kehendak berkuasa" (*will to power*) muncul maka itu mengejawantahkan kondisi tanpa syarat dari kekuasaan. Kehendak berkuasa pada intinya merupakan kehendak meletakkan nilai. Nilai berarti kondisi mempertahankan dan memperkuat "kehadiran," kehadiran apapun itu. Pada inti terdalam, metafisika kehendak berkuasa merupakan fondasi meletakkan nilai (Heidegger, 1977: 77-81).

Heidegger melihat filsafat Nietzsche adalah akhir metafisika, sejauh itu membawa kepada permulaan pemikiran Yunani, yang mana filsafat Nietzsche dekat dengan keingintahuan mengenai metafisika. Nietzsche bukan mengembalikan metafisika kepada permulaan dalam bentuk yang asli, melainkan, ini adalah murni kemunculan kembali posisi mendasar dari permulaan metafisika dalam peralihan konfigurasi tertinggi (Heidegger, 1984a: 199-200).

Apa yang penting permulaan metafisika adalah pertanyaan, apa arti Ada? (*what Being is?*). Parmenides memberikan jawaban, arti "Ada" adalah kehadiran (*presence*) dan permanen (*permanence*), itu adalah apa yang hadir abadi (*eternal present*). Sedangkan, Heraklitus mengatakan bahwa "Ada" adalah kemenjadian (*becoming*) yaitu pengungkapan diri (*self-unfolding*) dan konflik tanpa henti (*conflict unrest*). Heidegger melihat Nietzsche memahami metafisika secara mendalam ketika Nietzsche mengatakan: "*To stamp Becoming with the character of Being that is the supreme will to power."* dan dilanjutkan "*That everything recurs is the closest approximation of a world of Becoming to one of Being: peak of meditation."* Artinya: stempel (*stamp*) kemenjadian sebagai entitas tertinggi (*Being*) dengan kehendak berkuasa sebagai struktur dasar (*essentia*). Kemenjadian merupakan pembentukan (*configuration*) entitas tertinggi yang melampaui diri sendiri dalam metafisika. Setiap metafisika mengaktualkan keabadian tetapi setiap metafisika juga menilai kembali (*revaluing*) dan menurunkan nilai (*devaluing*) metafisika sebelumnya, inilah stempel kemenjadian dalam karakter "kesementaraan" (*momentary*) setiap metafisika. Sehingga Heidegger membaca Nietzsche telah memahami aktualitas (*existentia*) abadi dari kemenjadian yaitu perulangan dari satu metafisika menuju metafisika lainnya atau disebut *eternal recurence of the same* dari struktur dasar (*essentia*) metafisika kehendak berkuasa (*will to power*) yang memproyeksikan keseluruhan metafisika (Heidegger, 1984a: 200-204).

Nietzsche mengkarakterkan filsafatnya sebagai membalikkan (*overturn*) metafisika yang inheren platonisme sebagai melampaui (*overcome*) metafisika. Heidegger melihat Nietzsche tetap di dalam metafisika sekaligus mengakhirinya. "Akhir metafisika" artinya momen bersejarah yang mana kemungkinan metafisika telah habis. Alasannya posisi dasar metafisika Nietzsche memberikan dasar tertinggi (*grandest*), menyelesaikan keseluruhan posisi dasar metafisika barat sejak Plato dan Platonisme dan selain itu tetap sebuah kreatif melalui aktualitas posisi dasar metafisika dalam arah posisi yang berlawanan (*counterposistion*). Kalimat "posisi dasar metafisika" (*fundamental metaphysical position*) mengekspresikan jalan seseorang yang menanyakan ada sebagai keseluruhan yang mana sang penanya juga bersangkut-paut di dalamnya (Heidegger, 1984a: 205-206).

Heidegger melihat posisi dasar metafisika Nietzsche sekaligus menunjukkan struktur dasar metafisika pada umumnya adalah sebuah frase: "*amor fati*" atau cinta kepastian (*love of neccesity*). Kalimat "*amor fati*" terdiri dari dua kata "*amor*" dan "*fatum*". "Cinta" ("*amor*") dapat dipahami sebagai kehendak, kehendak tertinggi (*supreme will*) yang menginkan apapun dalam tingkat terdalam. Sedangkan "kepastian" ("*fatum*") merupakan kebutuhan mengungkapkan saat (*moment*) kehadiran sebagai keabadian. Maka, "cinta kepastian" berarti pembentukan kehendak untuk memiliki apa yang paling pasti di antara kehadiran entitas. Cinta kepastian itu merupakan kehendak tertinggi manusia untuk menggenggam takdirnya sebagai seorang pencipta (*creator*) dan sebagai orang yang berkemauan tinggi untuk membentuk dunia (Heidegger, 1984a: 207).

5.2. Kekosongan Arti (*Nihilism*)

Dasar kekosongan arti adalah ketika seseorang mencari arti sesuatu, dia dihadapkan harus mencari nilai sesuatu, ketika seseorang mencari nilai untuk mengatakan arti sesuatu, dia menemukan kekosongan arti. Sebab, seperti Nietzsche mengartikan nihilisme (*nihilism*) sebagai: "Nilai tertinggi menurunkan nilainya sendiri" (*That the highest values are devaluing themselves*). Kekosongan arti disebabkan perubahan posisi pencarian arti disamakan dengan pencarian nilai atau menyamakan memberi arti sesuatu dengan menilai sesuatu. Kata "nilai" artinya sesuatu sudah diakui secara valid, kata "valid" berarti telah memiliki standar ukuran dalam mengukur sesuatu, "nilai" merupakan jalan sesuatu menjadi (*way of Being*) berdasarkan standar ukuran di dalam suatu tingkat (*rank*) (Heidegger, 1982: 14-16). Sedangkan arti (*meaning*) berasal dari pemahaman yang berasal dari lingkungan pengalaman (Heidegger, 2008: 56). Kalimat "lingkungan pengalaman" artinya pengalaman kehidupan sehari-hari (*lived experience*) yang dialami seseorang. Arti terbentuk dari penafsiran kejadian yang sesuai (*event of appropriation*) dari apa yang telah dipahami oleh seseorang; pemahaman adalah apa yang telah terungkap pertama kali oleh tiap orang berdasar pengalaman hidupnya (Heidegger, 2008: 60). Artinya terdapat jarak "memberi arti" yaitu berpikir mencari kata-kata untuk mengungkapkan apa yang di rasakan seseorang, dan "menilai" yaitu berpikir memperhitungkan ketepatan pengungkapan sesuatu menggunakan standar ukuran sehingga dapat diterima semua orang; artinya, memberi arti pada tempat bersifat milik pribadi orang yang memberi arti, sedangkan menilai merupakan langkah lanjutan dari memberi arti, yaitu secara serentak mengungkapkan sekaligus memperhitungkan arti yang dia ungkapkan sebagai yang paling tepat mewakili suatu hal.

Nietzsche bertanya, mengapa terjadi kekosongan arti? Pertanyaan "mengapa" menanyakan alasan kehadiran sesuatu itu seperti ini atau seperti itu. Jawaban pertanyaan tersebut merupakan alasan sesuatu itu "Ada," atau apa yang disebut "dasar" (*ground*). Tetapi nilai merupakan apa yang selalu berhubungan dengan keseluruhan dan dipertahankan dalam permanen, sedangkan "dasar" merupakan dasar keberadaan (*existence*) yang memberikan arti dalam suatu waktu, artinya ada jarak antara "dasar" dan validitas nilai sehingga pencarian arti yang mengabaikan "dasar" pembentukan arti, membuat kekosongan arti (Heidegger, 1982: 14-16). Nietzsche (Heidegger, 1982: 24-25) mengidentifikasi terdapat tiga kondisi munculnya kekosongan arti (*nihilism*), yaitu:

Pertama, kekosongan arti (*nihilism*) muncul ketika seseorang mencari arti dari semua kejadian dan tidak menemukan arti. Kata "arti" berarti tujuan (*purpose*) adanya sesuatu. Manusia mencari "arti" maksudnya manusia mencari tujuan kehadiran dirinya juga keseluruhan kejadian yang ada dan menemukan ketiadaan arti, sebab semua tujuan adalah sesuatu dengan ukuran ideal dan mutlak hanya berada di dunia abadi, dan tidak akan pernah diwujudkan dalam dunia yang berubah. Nietzsche kemudian mulai menganggap bahwa meletakkan tujuan abadi tidak menyelesaikan apapun dan hanya khayalan (*delusion*). Inilah saat pertama kekosongan arti terjadi, saat pencarian arti didasarkan pada penemuan tujuan abadi, sebab tujuan abadi tidak akan pernah terwujud di dunia yang berubah, misalnya, pencarian kedamaian abadi (*eternal piece*).

Kedua, kekosongan arti muncul sebagai keadaan kejiwaan (*psychological state*) bahwa sistematisasi dan pengorganisasian apa yang hadir sebagai keseluruhan menjadi nilai tertinggi tidak memiliki arti apapun. Alasannya, ketika seseorang memikirkan Ada sebagai kesatuan (*unity*), serentak dia juga mengorganisasikan keseluruhan entitas dalam nilai tertinggi sebagai karakter kesatuan. Seseorang meletakkan sebuah nilai tertinggi untuk menyatukan keseluruhan entitas yang ada. Keseluruhan entitas yang ada diwakili sebuah nilai tertinggi melalui seorang manusia, maka dapat dikatakan bahwa seseorang tersebut telah memiliki arti kehadiran sebagai milik orang itu sendiri sebelum mengatakan arti miliknya merupakan nilai tertinggi bagi setiap orang. Tapi, ketika seseorang mewakilkan arti yang dimilikinya menjadi nilai tertinggi bagi setiap orang, dia kehilangan arti bagi dirinya karena arti yang dia miliki hilang di dalam kesamaan nilai semua orang.

Ketiga, kemunculan kekosongan arti muncul ketika seseorang menyadari "dunia yang sebenarnya" atau dunia ideal yang mana asal segala yang permanen ternyata hanya khayalan (*delusion*) yang dibuat untuk mengisi "kebutuhan kejiwaan" (*psychological needs*) akan sesuatu yang ideal. Sebuah nilai tertinggi harus dilekatkan kepada keseluruhan entitas agar manusia dapat merasa aman mengatur dunianya atas nama dunia yang sebenarnya, tetapi sebenarnya dia hanya menghitung dirinya dan memikirkan harapannya sendiri untuk memiliki sesuatu yang paling mendasar. Maka, ketika seseorang menyadari hal ini "dunia ideal" mulai berguncang.

Nietzsche mengalami ketiadaan arti dari dunia ideal yang melampaui pencerapan atau dunia metafisika sehingga memaklumatkan "Tuhan mati" (*God is Dead"*). "Tuhan mati" menunjuk dunia metafisika telah kehilangan kekuatan efektifnya. Nietzsche menyamakan metafisika dengan Platonisme. Maklumat "Tuhan mati" berisi konfirmasi bahwa "Tuhan" sebagai dasar dunia metafisika yang mana sejarah ide, hukum moral, otoritas akal, hukum perkembangan, kebahagiaan abadi, peradaban, kehilangan kekuatan pembentuknya (*constructive force*) dan menjadi kosong (*void*) (Heidegger, 1977: 61-65).

Nietzsche melihat paham kekosongan dalam dua arah, yaitu: menurunkan nilai (*devaluing value*) tertinggi sekaligus menyusun kembali nilai baru sebagai gerakan pembalikan (*countermovement*) dari penurunan nilai tersebut. ketika kekosongaan nilai karena Tuhan menghilang dari posisi pemilik nilai di dunia, suatu ideal baru harus dibangun (Heidegger, 1977: 67-69). Nietzsche menyusun ideal baru berdasar prinsip metafisika baru, "kehendak berkuasa" (*"will to power"*) yaitu karakteristik mendasar setiap yang nyata menjadi yang sebenarnya. Metafisika kehendak berkuasa merupakan kondisi kemungkinan meletakkan nilai (*value-positing*). Berdasar metafisika kehendak berkuasa, nilai tertinggi saat ini bukan lagi apa yang melampaui pencerapan, melainkan manusia yang menyusun nilai tertinggi berdasar apa yang dia cerap dalam kehidupan yang menampak. Nietzsche melihat manusia mengambil alih posisi pencipta arti melalui kehendak berkuasa. Kehendak berkuasa manusia mengatasi ketiadaan arti dari dunia transenden, sehingga muncul bentuk manusia baru yang memiliki kehendak berkuasa untuk menguasai bumi (Heidegger, 1987: 226-228).

Nietzsche memberi nama bentuk kemanusiaan yang memiliki kehendak berkuasa yaitu: *overman*. Heidegger menjelaskan "*overman*" bukan manusia super (*superman*) yang mengacu kepada seorang manusia individu yang kuat, melainkan "*man-beyond*" atau melampaui manusia, menunjuk kepada bentuk baru inti kemanusiaan yang melampaui manusia sebelumnya (Heidegger, 1977: 96). Bentuk baru kemanusiaan yang memiliki kehendak berkuasa adalah *overman*. Kata "*overman*" artinya bentuk baru inti kemanusiaan yang memiliki kehendak berkuasa dan berani membentuk nilai bagi dirinya sendiri sekaligus mengambil alih dominasi bumi (*earth*). Kata "bumi" adalah tempat yang ditinggali manusia untuk hidup. Manusia menjadi penguasa bumi sebagai *subiectum* yang melihat bumi sebagai objek (*object*), dan mengobjektivikasi segala hal, ini adalah era manusia sebagai perencana dan pembentuk era teknologi (Heidegger, 1977: 100-102).

Heidegger melihat Nietzsche "anti" Platonisme hanya sejauh membalik metafisika dari atas ke bawah, inti bangunan metafisika tetap sama, yaitu penipuan diri (*self-deluding*) dalam belitan pencarian nilai tertinggi untuk mewakili keseluruhan yang ada (Heidegger, 1977: 61). Heidegger melihat pemikiran Nietzsche merupakan nihilisme meskipun Nietzsche menyadari nihilisme, tetapi Nietzsche tidak memikirkan arti terdalam nihilisme, nihilisme secara mendasar terletak pada ketiadaan arti ketika perubahan dari mencari arti menjadi menilai arti sehingga terjadi pengabaian "Ada" yang terjadi dalam sejarah metafisika, yaitu "Ada" sebagai apa yang hadir ke hadapan seseorang diabaikan untuk dicari nilai tertinggi yang mewakili keseluruhan entitas, dan Nietzsche tidak menanyakan kekosongan arti metafisika sampai titik itu. Nietzsche tidak menanyakan kekosongan arti yang dikandung metafisika sebab sejak awal dia hanya berdasar pemikiran penilaian (*valuative thought*) dari metafisika sehingga dia hanya membalik metafisika dari atas ke bawah, tetapi gagal menyadari kekosongan arti yang tersembunyi dalam metafisika itu sendiri. Sehingga Heidegger tidak melihat Nietzsche berpikir "nilai tertinggi menurunkan nilainya sendiri" sebab Nietzsche sendiri berpikir dalam bingkai nilai dan inheren juga metafisika, tetapi memang cara berpikir penilaian dalam metafisika merupakan inti filsafat barat (Heidegger, 1987: 203-204).

Heidegger melihat metafisika tidak melibatkan dirinya dalam sesuatu sebagaimana adanya melainkan apa yang hadir sudah ditentukan sebagai nilai dan mencari apa yang dimaksud "Ada" di dalam karakter sudah ada sebelumnya (*a priori*) sekaligus entitas tertinggi (*supreme being*). Plato sebagai orang pertama yang menyusun cara berpikir metafisika, Plato bertanya "Apa itu Ada?" (*"What is Being?"*) dan menjawab sebagai keapaan (*whatness*) dari keseluruhan entitas atau disebut hakikat (*essence*). Hakikat merupakan inti terdalam dari setiap entitas yang dilihat sebagai kelas (*genos*) dan kesamaan (*koinon*), sehingga setiap yang ada menerima stempel kesamaan sebagai apa. Plato melihat keseluruhan yang ada adalah ide dan ide berasal dari dunia ide yang ideal, inilah pertama kali cara berpikir metafisika hadir dan sekaligus hadirnya kekosongan arti (*nihilism*), sebab apa yang hadir ke hadapan seseorang sudah dikeluarkan dari cakrawala pertanyaan mengenai artinya, diwakilkan kepada nilai tertinggi untuk mengatakan artinya (Heidegger, 1987: 206-207).

Heidegger melihat akar kekosongan arti adalah metafisika. Metafisika adalah pemikiran perwakilan (*representational thinking*), metafisika adalah pencarian nilai tertinggi yang mewakili keseluruhan entitas. Metafisika mencari nilai dengan berlandaskan pada kesahihan (*validity*) apa yang bisa diukur, prinsip berpikir dibuat untuk mengukur kesahihan nilai, apa yang nyata kemudian dibentuk dan diselaraskan dengan prinsip berpikir, atau lebih tepatnya menghitung dan memperhitungkan dalam ketepatan berpikir melalui prinsip tidak berkontradiksi. Kekosongan arti disebabkan pengabaian Ada (*abandonment of Being*) oleh metafisika. Kapan pengabaian Ada terjadi? Sejak Plato membentuk Ada adalah ide. Kata "adalah" tidak sesederhana sebagai kata penghubung (*copula*) melainkan kata yang mengikat keapaan keseluruhan entitas (*Being of being*), inilah metafisika (Heidegger, 1982: 173-177).

Plato mengalami kehadiran dalam dua hal, yaitu: pertama, *phusis* yaitu apa yang muncul berubah (*emerging sway*) dalam yang menampak (*phainomenon*), apa yang menampak merupakan sesuatu yang berdiri di sana sebagai itu-Ada (*hoti estin*), nanti akan dikenal sebagai *existentia* atau apa yang sungguh-sungguh ada. Kedua, kehadiran sebagai ide (*eidos*), kata "ide" awalnya berarti aspek yang terungkap dari sesuatu. Tetapi, Plato merasa tidak cukup mengungkapkan kehadiran hanya sebagai *phusis* dan ide sebagai apa yang muncul dari *phusis*. Plato kemudian mencari sekaligus membentuk apa yang ada di balik segala sesuatu adalah ide. Plato melihat apa yang selalu hadir pada setiap entitas merupakan apa yang sebenarnya. Disini Plato membentuk "Ada" sebagai *Ousia*, "*Ousia*" berarti kehadiran permanen (*constant presence*), dan ide merupakan kehadiran permanen tersebut, ide bukan lagi sebagai apa yang terlihat dari mata fisik melainkan keseluruhan yang dapat dirasakan melalui mata batin. *Ousia* kemudian disebut júga *essentia*, yang memiliki karakter apa yang sudah ada sebelumnya (*proteron* atau *a priori*) (Heidegger, 2000a: 194-197).

Plato sebagai peletak dasar metafisika sekaligus mengabaikan "Ada" pada tempat pertama. "Pengabaian Ada" (*abandonment of Being*) artinya mengabaikan kehadiran yang muncul dan dan berubah (*phusis*) untuk disusun menjadi hakikat atau struktur dasar yang mewakili keseluruhan entitas, Plato berusaha menghitung untuk menjelaskan "Ada" secara metafisika sebagai entitas yang paling mendasar dan paling tinggi. Plato pertama kali mengabaikan "Ada," "Ada" sebagai apa yang hadir ke hadapannya sebagai *phusis* diabaikan untuk mencari kehadiran permanen atau *ousia*. Plato kemudian membentuk inti entitas sebagai keapaan (*whatness*) yang selalu hadir dalam setiap entitas. Plato membentuk inti entitas adalah ide yang berasal dari dunia ideal. Ide (*idea*) kemudian berubah menjadi model (*paradeigma*) yang menentukan apa yang dimaksud "Ada" secara metafisika dan bagaimana manusia berhubungan dengan kehadiran dalam kehidupan sehari-hari. Menurut Heidegger, sejak Plato membentuk "Ada" adalah kehadiran permanen (*Ousia*) dari ide, model (*paradeigma*) pemikiran metafisika terbentuk, yaitu model pemikiran perwakilan untuk mengatakan kehadiran sesuatu sebagai pencarian nilai tertinggi sesuatu. Maka, setelah Plato membentuk Ada sebagai ide, terjadi Pelupaan Ada (*forgottenness of Being*) sebab perbedaan "Ada" sebagai yang hadir di dalam ruang dan waktu (*existentia*) dan keapaaan sesuatu (*essentia*) telah dilupakan, secara sederhana pelupaan "Ada" adalah pelupaan pembentukan keapaan (*essentia*) selalu terikat kepada apa yang hadir di dalam ruang dan waktu (*existentia*) sebagai konteks situasi penyusunan keapaan sesuatu yang dibicarakan (Heidegger, 2000a: 192-198).

Heidegger juga melihat "Ada" sebagai kehadiran, tetapi bukan kehadiran permanen sebab apa yang hadir selalu dibatasi waktu. Waktu merupakan kondisi kemungkinkan kehadiran mengungkapkan dirinya kepada manusia (Heidegger, 2010c: 334-335). Heidegger menyebut bertemunya "Ada" dan waktu dalam kehidupan manusia sebagai "kejadian" ("*Ereignis*"). Kata "*Ereignis*" dalam bahasa Jerman merupakan kata untuk menyebut kejadian sehari-hari, dan bagi Heidegger, "*Ereignis*" mengacu kepada pengalaman seseorang yang mempribadi dalam kehidupan kesehariannya bertemu entitas. Heidegger mengatakan "Ada" sebagai kejadian yang sesuai (*Ereignis*), "*ereignis*" artinya nama untuk kehadiran tanpa mewakili apapun, melainkan apa yang hadir ke hadapan seseorang, di dalam konteks kejadian unik yang mana kehadiran ide terungkap dalam pemikiran seorang metafisikus, seperti "Ada" sebagai idea dari Plato (Heidegger, 1972: 19-21;1977: 171).

"Ada" sebagai kejadian yang sesuai dapat dirunut menjadi lokalitas ruang di mana kehadiran sesuatu terungkap. Lokalitas (*locale*) seorang pemikir membentuk sudut pandangnya dalam melihat "Ada" sebagai keseluruhan, inilah "Ada" mengungkapkan (*unconceal*) dirinya, Heidegger menyebut kehadiran yang terungkap dalam lokalitas sebagai "Ada di sana" ("*Da-Sein*"). Pemikiran metafisika melupakan lokalitas sebagai asal kehadiran dan menyembunyikan apa yang hadir ke hadapan seseorang sebagai nilai yang selalu sama kapan pun dan di mana pun. Kata "arti" kemudian tidak memiliki arti, sebab pemikir yang memikirkan arti telah kehilangan apa yang berarti baginya, digantikan dengan mencari kesamaan yang dipertahankan sebagai arti (Heidegger, 1982: 217-219).

Heidegger tidak melihat kekosongan arti sebagai sesuatu yang menghancurkan manusia secara praktis. Seorang ilmuwan dalam aktivitas berpikir (*intellectual activity*) juga tidak akan terganggu kekosongan arti. Kekosongan arti hanya berdampak kepada pemikir yang memikirkan apa arti "Ada"? dan darimana asal arti? kedua hal ini saling terkait. Misalnya, telah sejak lama manusia diartikan dalam konsep *zōon logon echon* atau hewan berpikir, Descartes menyempurnakannya sebagai "Aku Bepikir maka Ada" ("*Cogito Sum*"), arti kata tersebut bukan berarti keberadaan Descartes mengikuti dari pikirannya. Kata ini merupakan prinsip metafisika mengenai manusia dan "Ada," prinsip ini mengatakan bahwa, Descartes mewakili dirinya dari manusia secara keseluruhan dan meletakkan dirinya yang berpikir sebagai kesamaan diri semua manusia, dengan begitu, Descartes mengatakan apanya manusia adalah berpikirnya sebagai kesamaan diri dan ini fondasi tidak terbantahkan. Begitu juga dengan alam (*nature*) sebagai apa yang hadir ke hadapan manusia dibentuk menjadi keluasan (*extension*). Keluasan merupakan kata metafisika untuk mengukur keseluruhan yang ada, yang menjadi langkah pertama menuju dunia teknologi yang mana segala hal harus diukur dan direncanakan untuk menggenggam "Ada." Heidegger merasakan manusia yang memiliki sejarah "kehilangan rumah" karena kekosongan arti. Kata "kehilangan rumah" maksudnya seseorang kehilangan tempat dia tinggal bersama entitas sebagaimana adanya yang memberikan arti keberadaan dirinya, digantikan perhitungan untuk menjelaskan nilai tertinggi mengenai keseluruhan yang ada. Manusia yang mensejarah (*historical man*) "kehilangan rumah" bagi dirinya untuk mengatakan "siapa saya?" digantikan dengan manusia tanpa nama, hanya dikenal sebagai makhluk berpikir (Heidegger, 1982: 247-248).

BAB VI: SEBUAH JALAN KELUAR?

6.1. Pengungkapan (*aletheia*) sebagai dasar kebenaran

Heidegger melihat filsafat sebagai pengetahuan mengenai hakikat entitas (*essence of beings*) merupakan pencarian apa yang menjadi struktur dasar segala sesuatu. Secara umum pencarian hakikat menggunakan standar prinsip kebenaran sebagai ketepatan mewakili (*correctness of representation*) entitas. Dua aliran besar filsafat, yaitu: idealisme (*idealism*) melihat apanya keseluruhan entitas adalah ide dan realisme (*realism*) melihat sesuatu itu sendiri dalam fakta-fakta yang nyata (*res realia*), kedua aliran filsafat tersebut memiliki kesepakatan (*agreement*) bahwa kebenaran adalah ketepatan mewakili entitas. Tetapi, Heidegger bertanya dalam banyaknya aliran filsafat yang mengatakan apa yang paling mewakili keseluruhan entitas, apa yang menjadi dasar sehingga manusia dapat mengatakan sesuatu itu mewakili? (Heidegger, 1994: 16-18).

Heidegger melihat pertanyaan mengenai dasar paham perwakilan (*representation*) sebagai hakikat kebenaran (*essence of truth*) berkelindan dengan pertanyaan hakikat Ada (*question of Being*). Seorang penanya (*questioner*) dalam filsafat dihadapkan pada pertanyaan mengenai pemahaman "Ada," yaitu: Apa arti "Ada"? dan apa itu Hakikat kebenaran? Kedua hal ini merupakan dasar (*ground*) semua pertanyaan filsafat. Heidegger melihat Plato mengisi arti kata "hakikat" sebagai keapaan (*whatness*) dari kehadiran yang selalu hadir secara konstan. Hakikat adalah apa yang selalu hadir dalam entitas, yang membuat kehadiran sesuatu itu. Plato membentuk hakikat sesuatu adalah ide ("*idea*"), ide adalah suatu gambaran dalam pikiran yang berasal dari surga (*heaven*) yang mendahului entitas yang hadir secara aktual dalam kehidupan sehari-hari, sehingga membuat seseorang dapat mengatakan sesuatu sungguh-sungguh ada atau tidak ada. Plato pada titik ini meletakkan dasar metafisika, bahwa hakikat (*essence*) keseluruhan entitas diletakkan kepada satu entitas yang mewakili yaitu ide. Plato membentuk kata "Ada" (*"Being"*) secara metafisika, artinya "Ada" adalah kehadiran konstan (*ousia*) yang mewakili keseluruhan entitas dan diwakili entitas tertinggi sebagai pembentuk pertama keseluruhan entitas, Plato mewakili "Ada" adalah ide (Heidegger, 1994: 60-61).

Heidegger melihat Plato menggunakan kata "ide" (*eidos*) sebagai metafisika tidak seperti orang Yunani (*wholly un-Greek*) dan pincang dengan kenyataan (Heidegger, 1994: 75). Heidegger melihat telah ada pada orang Yunani, kata "ide" berhubungan dengan ἰδεῖν yang berarti mode pencerapan. Kata "ide" bagi orang Yunani berhubungan dengan apa yang terlihat dari suatu entitas atau aspek (*doxa*) yang menampak dari suatu entitas. Orang Yunani hidup berdampingan dengan kehadiran apa yang menampak (*phainesthai*). Plato melihat apa yang menampak sebagai suatu kepalsuan dari salinan (*mimesis*), dan membawa apa yang hadir sebagai ide yang berasal dari dunia transenden. Secara kontras, pemikir Yunani seperti Parmenides dan Heraklitus berkelindan dengan keberagaman pertemuan kehadiran yang menampak dalam setiap kemunculan sesuatu (*phusis*) (Heidegger, 2000a: 194-197).

Heidegger juga melihat "Ada" sebagai kehadiran tetapi kehadiran yang memiliki karakter waktu. Apa yang "Ada" adalah sesuatu yang hadir di sekitar kita. Heidegger melihat dalam pemikiran Aristoteles dalam buku *Metaphysics* dan menemukan bahwa "Ada" adalah kehadiran entitas nyata di sekitar kita. Apa yang dilihat seseorang merupakan kejadian yang nyata. Heidegger melihat Ada sebagai entitas nyata (*real being*) yang hadir disekitar kita, dan dialami (*apprehended*) secara perasaan (*intuitive*) sehingga terbentuk "ide" dalam pikiran. Sehingga "ide" adalah apa yang dirasakan perasaan (*intuition*) dari apa yang dilihat untuk mengatakan keapaan sesuatu. Berdasarkan hal ini, Heidegger memiliki pandangan yang berseberangan dengan Plato berkaitan "ide". Ide bukan sesuatu yang abadi dan ideal, melainkan apa yang dirasakan seseorang dalam pikirannya ketika melihat sesuatu yang nyata (Heidegger, 2010c: 136-141).

Heidegger mengartikan "Ada" sebagai kehadiran sekarang (*gegenwart*) yang memiliki karakter waktu. Kata "waktu" artinya kondisi kemungkinan munculnya kehadiran sesuatu yang menampak (*phenomenon*) di hadapan manusia. Sesuatu menjadi hadir dan nampak ketika manusia mengarahkan (*intentional*) kesadarannya kepada entitas, artinya kita berada dalam suatu situasi yang sudah familiar untuk dapat mengatakan "Ada." Heidegger juga menekankan karakter yang membuat kehadiran sesuatu selain waktu adalah tempat. Tempat adalah lokalitas akar pemahaman benar-benar hidup pertama kali. Heidegger melihat kepedulian (*concern*) yang menjadi akar pemahaman mengenai keberadaan Ada terbatas (*restricted*) dengan status "Ada di sana." Kata "Ada di sana" artinya pengetahuan manusia terbatas pada apa yang hadir ke hadapannya dalam ruang dan waktu, Heidegger menyebut kehadiran di dalam ruang dan waktu sebagai "Ada di sana" (*"Being-there"*) (Heidegger, 1985: 253).

Heidegger melihat Aristoteles menggunakan kata "*Logos*" untuk menunjukkan kehadiran. Alih bahasa "*Logos*" adalah "pernyataan" (*"statement"*) yang berarti mengkomunikasikan sesuatu. *Logos* memiliki hubungan mendasar dengan kata "*apophantic*" yang berarti menunjukkan sesuatu sebagai (*showing-of-beings-as*). Dengan kata lain, Aristoteles melihat kehadiran dalam suatu yang terkatakan (*uttered*) dalam pernyataan mengenai pokok permasalahan (*subject matter*) dan itu hanya dalam konteks sesuatu yang hadir di dalam ruang dan waktu. *Logos* kemudian berarti "*legein ti kata tinos*" yang berarti mengatakan sesuatu sebagai sesuatu. "Ada" sebagai *Logos* berarti mencari kata-kata yang tepat untuk mengungkapkan apa yang dirasakan dari pokok masalah yang dibicarakan (Heidegger, 2010c: 134-135). Heidegger (2010c: 132) mencontohkan ketika sedang menulis di papan tulis, dia mengatakan "kapurnya terlalu keras" ini bukan berarti kapur di tangan memiliki properti keras, melainkan, kapur ini menghambat (*obstacle*) dalam menulis di papan tulis.

Heidegger kemudian bertanya, jika "Ada" merupakan kehadiran entitas nyata (*real*) yang menampak dengan waktu sebagai karakternya, dan jika hakikat adalah arti terdalam dari segala sesuatu, bagaimana filsafat sebagai pengetahuan tentang hakikat dapat menggenggam hakikat, sedangkan apa yang dapat manusia ketahui terbatas yang "Ada di sana." Kata "Ada di sana" (*Da-Sein*) menunjuk pada kehadiran di ruang dan waktu atau sebuah kejadian. Heidegger menjawab pengungkapan "Ada" sebagai yang nyata tertuang dalam penyataan, tetapi kebenaran "Ada" sebagai ketepatan mewakili tidak terletak dalam pernyataan, pernyataan merupakan pengungkapan kehadiran sesuatu. Berdasarkan pertanyaan arti Ada (*question of Being*), maka kebenaran hakikat atau kebenaran mengenai apa yang paling mendasar, tidak terletak pada fakta pernyataan yang dikumpulkan dari suatu situasi di dalam ruang dan waktu, tidak juga pada tempat pertama kebenaran hakikat berdasarkan ketepatan mewakili kehadiran. Hakikat tidak mungkin dapat diklaim melalui satu kasus yang hadir sehingga dapat menemukan ideal yang mewakili keseluruhan, kecuali kita menguji semua kasus, yang mana itu itu tidak mungkin; alasannya, jika "Ada" berarti apa yang hadir di dunia yang menampak dan bukan dunia ide, "Ada" menjadi terbatas di dalam waktu sebagai kondisi kemungkinan munculnya "Ada." Sedangkan waktu berhubungan dengan tempat dan waktu yang akan datang, yang mana ini sebuah misteri, tidak ada yang dapat memastikan apa yang akan terjadi di masa yang akan datang (Heidegger, 1994: 69-71; 83).

Heidegger melihat hakikat kebenaran terletak pada pengungkapan (*aletheia*), pengungkapan adalah membawa maju (*bringing forth*) hakikat dalam kata-kata yang tepat untuk memberi nama apa yang hadir ke hadapan seseorang. Pengungkapan hakikat terletak pada penafsiran dari sebuah konteks kejadian dan membawanya untuk melihat sebagai kemungkinan kehadiran keseluruhan (Heidegger, 1994: 75). Heidegger melihat "sebagai keseluruhan" (*"as a whole"*) berhubungan dengan kata "*transcendence*". *Transcendence* berarti melampaui (*surpassing*), melampaui dalam konteks hubungan dari sesuatu ke sesuatu lainnya. Heidegger melihat manusia berada di dalam ruang (*spatial*) dan terbatas dalam ruang tersebut, kemungkinan manusia untuk melampaui ruang dari kejadian yang terjadi adalah memberikan alasan dari keberadaan hakikat yang dia lihat sebagai kemungkinan "Ada." (Heidegger, 1984b: 114-115)

Heidegger melihat kebenaran sebagai ketepatan mewakili, yang selama dua milenium dan sampai hari ini menjadi standar arti kebenaran telah melupakan keterbukaan (*openness*) "Ada," yang mana entitas pertama kali terbuka. Heidegger melihat ketepatan mewakili tidak bisa menjadi dasar asli (*original ground*) dari hakikat kebenaran, sebab "Ada" pada tempat pertama merupakan kejadian di dalam ruang dan waktu, artinya jika hendak mencari apa itu kebenaran maka harus kembali kepada keterbukaan terhadap "Ada," baru kemudian memberikan kemungkinan kebenaran sebagai ketepatan mewakili (Heidegger, 1994: 97-98).

Heidegger mengatakan kebenaran sebagai pengungkapan (*aletheia*) entitas merupakan dasar kemungkinan ketepatan mewakili. Heidegger kembali kepada pemikiran orang Yunani sebelum Plato mengenai konsep kebenaran, sebab pertanyaan mengenai kebenaran sebenarnya telah dijawab oleh orang Yunani. Pengungkapan (*aletheia*) entitas merupakan hakikat yang tepat bagi kebenaran. Artinya, jika membicarakan konsep kebenaran sebagai ketepatan mewakili yang disusun Aristoteles dan Plato, Heidegger memanggil kembali konsep kebenaran dalam kehidupan orang-orang Yunani (Heidegger, 1994: 88).

Heidegger melihat perubahan jalan berpikir orang Yunani ke dalam pemikiran Romawi dan pemikiran Barat, hakikat kebenaran sebagai pengungkapan (*aletheia*) dihancurkan, dan alih bahasa *aletheia* menjadi *veritas* memberikan arti baru bagi konsep kebenaran, yaitu kebenaran adalah ketepatan mewakili. Konsekuensi dari hal ini, beberapa abad kemudian, kebenaran digenggam melalui *veritas* yaitu ketepatan mewakili yang diputuskan melalui akal (*correctness of representation ofjudging reason*), yang membuat pengalaman asli kebenaran sebagai pengungkapan menjadi menghilang. Konsekuensinya para pemikir Yunani awal dianggap tidak mampu membentuk konsep kebenaran dan masalah pengetahuan, hanya Plato dan Aristoteles yang berhasil melakukannya (Heidegger, 1994: 89).

Heidegger menawarkan untuk kembali kepada jalan berpikir orang Yunani untuk melihat kebenaran sebagai pengungkapan (*aletheia*), sebab, krisis ilmu pengetahuan sedang mengancam ilmu. Krisis pengetahuan tidak terletak seseorang tidak akan mendapatkan gelar profesor dalam bidang ilmunya. Melainkan Tidak ada kekuatan ruh dalam sebuah penelitian, ilmu pengetahuan terjebak dalam jaringan metodologi dan teori untuk membicarakan penemuan, yang sebenarnya tetap berada dalam bingkai metodologi dan teorinya., Peneliti kehilangan kedekatan dengan apa yang dirasakannya dan ilmu pengetahuan hanya menjadi urusan bisnis (Heidegger, 1994: 49).

Filsafat sebagai pengetahuan mengenai hakikat memiliki peran penting untuk mengungkap kehadiran sesuatu. Hakikat tidak dapat ditemukan di dalam pernyataan mengenai fakta sesuatu, di dalam fakta mengenai sesuatu telah berdiam praanggapan mendasar yang memandu pembentukan fakta tersebut. Hasilnya, menggenggam hakikat tidak bisa ditemukan di dalam fakta sesuatu, melainkan pada tempat pertama, hakikat itu telah dilihat terlebih dahulu dalam praanggapan ketika melihat suatu kasus, untuk melihat sebagai keseluruhan (*as a whole*) penelitian tersebut. Oleh karena itu, filsafat sebagai pengetahuan mengenai hakikat, mendirikan (*grounding*) hakikat sebagai sesuatu yang kreatif. Apa yang kreatif selalu nampak merusak (*violent*) tetapi tersembunyi ikatan yang lebih tinggi dengan apa yang hadir , dan hal ini tidak bisa diukur dengan opini umum (*common opinion*) (Heidegger, 1994: 83). Berbeda dengan pengetahuan faktual, praanggapan terletak pada fondasi teoritis yang dinamakan "hipotesis" (*"hypothesis"*) yaitu praanggapan yang memandu eksperimen dan memberi arah secara khusus. Sedangkan mendirikan hakikat lewat pengungkapan adalah membawa maju dasar (*ground*) yang dirasakan peneliti itu sendiri untuk dapat dikomunikasikan. Pada titik ini letak perbedaan ilmu khusus dan filsafat, ilmu khusus sebagai ilmu positif artinya meletakkan (*posit*) sesuatu sebagai apa yang pasti (*positive*), perlu untuk menjaga jarak dengan objek dan membebaskan nilai pribadi yang dimiliki peneliti terhadap objek, digantikan dengan keruntutan akal dalam prosedur penelitian. Sebaliknya, filsafat sebagai pengetahuan tentang hakikat berhubungan dengan apa yang hadir ke hadapan peneliti itu sendiri, jika akan dibagikan dengan orang lain hanya dapat dikomunikasikan dan tidak akan bisa meyakinkan bagi setiap orang untuk dapat menerima secara valid (Heidegger, 1994: 77-78).

6.2. Seni (*Art*)

Heidegger membicarakan seni (*art*) sebagai jawaban atas pertanyaan Ada (*Being*). Ada selalu Ada sesuatu (*thing*). Kata "sesuatu" (*"thing"*) berasal dari kata Yunani *eiro* (*rhetos, rhetra, rhema*) yang berarti berbicara mengenai sesuatu. kata *eiro* kemudian di alih bahasa romawi menjadi "*res*" yang secara asli berhubungan dengan "kasus" (*"case"*), "kasus" merupakan nama masalah (*matter*) yang mendapat perhatian dari seseorang. Kata Jerman lama, "*dinc*" juga memiliki arti yang hampir sama, yaitu, mengumpulkan perhatian secara khusus untuk tujuan berurusan dengan suatu masalah (Heidegger, 2001c: 172-173).

Heidegger melihat "sesuatu" sebagai sesuatu di sekitar kita, sebagai pengalaman sehari-hari bertemu sesuatu yang khusus. Misalnya, batu tepatnya batu yang hadir ke hadapan seseorang, dengan mengacu (*referring*) batu tertentu. Begitu juga dengan manusia, manusia yang kita temui ke hadapan seseorang, contohnya: orang Jerman, orang Eropa. Pada tempat pertama tidak disebut manusia secara umum, melainkan sesuatu yang tunggal yang hadir ke hadapan sebagai yang ini (*je diese*). Sesuatu itu mengacu kepada jarak "di sini" yang diketahui peneliti (Heidegger, 1967: 18)

Heidegger melihat tempat (*place*) dan waktu (*time*) sebagai yang menentukan kehadiran sesuatu. Tempat dan waktu membuat sesuatu menjadi kehadiran khusus yang ini. Waktu menunjuk kepada suatu tempat, "tempat" merupakan ruang di mana kejadian berlangsung, bisa saja suatu kasus yang mirip terjadi di suatu tempat tetapi waktu kejadian sesuatu dapat berbeda. Sejauh setiap sesuatu memiliki tempat dan waktu, tidak akan pernah ada sesuatu yang persis sama. Dengan kata lain, karakter dasar sesuatu terletak pada hakikat ruang dan waktu (*space and time*) (Heidegger, 1967: 17).

Heidegger melihat "waktu" sebagai jangka waktu (*time-span*) atau durasi. Heidegger melihat jangka waktu adalah panjang tertentu dari waktu, ini menunjukkan kesementaraan kehadiran sesuatu. Misalnya, "hujan lebat selama 2 jam." Sedangkan "ruang" berarti kemungkinan kehadiran sesuatu ada di dalamnya. Heidegger melihat ruang dan waktu sebagai alam (*realm*) yang mengatur kehadiran sesuatu yang khusus. Ruang dan waktu tidak bisa dilihat sebagai bingkai (*frame*), sebab kita sudah terlempar dan hidup dalam ruang waktu yang membuat Ada hadir ke depan kita, manusia hidup di dalam ruang dan waktu masing-masing. Heidegger membawa kata "sesuatu" dalam cara kehidupan sehari-hari di sekitar manusia, misalnya: "kapur ini putih," "kayu ini keras," "pintunya tertutup," merupakan sesuatu yang tunggal (*singular*) ditemui sehari-hari (Heidegger, 1967: 17-18).

Pandangan mengenai hakikat sesuatu terbagi berdasarkan konsepsi kebenaran dalam "Platonisme" (*"Platonism"*) dan "Positivisme" (*"Positivism"*). Plato melihat hakikat sesuatu terletak dalam sebuah prinsip universal. Prinsip kebenaran hakikat sesuatu berbunyi "satu memegang yang banyak" (*a "one" which holds for "many."*) Artinya hakikat sesuatu memegang struktur bagi banyak hal khusus atau valid bagi banyak hal. Heidegger melihat bahwa menyamakan (*equating*) hakikat dengan karakter universal, merupakan keputusan esensial untuk membentuk karakter filsafat mencari kesahihan universal. Kalimat "sahih secara universal" (*"universally valid"*) berarti tidak hanya sahih bagi banyak hal khusus yang hadir pada suatu waktu, tapi apa yang selalu dan di mana pun sahih secara abadi. Kemudian hakikat kebenaran adalah kesamaan diri (*selfsameness*) dari kesatuan universal. Prinsip kebenaran adalah hanya terdapat satu kebenaran dan itu sama bagi setiap orang. Inilah prinsip kebenaran yang dipegang "Platonisme" dan "Positivisme" (Heidegger, 1979: 147-148).

Heidegger menggunakan "Platonisme" dan bukan Plato, karena Heidegger berurusan tidak dengan apa yang asli dan detail dari kerja Plato, melainkan salah satu aspek, hakikat kebenaran, yaitu: kebenaran terletak pada apa yang melampaui pencerapan (*supersensuous*) Sebagai kehadiran yang sebenarnya, sebuah ideal. Platonisme menggunakan mata batin untuk melihat keapaan keseluruhan yang ada untuk menyusun "*theoria*" atau pengetahuan yang hakikatnya teoritis. Ajaran Platonisme adalah ilmu pengetahuan (*science*) secara metafisika, yang mana ini berlandaskan dasar pengalaman metafisika, yaitu menggenggam "Ada" sebagai apa yang selalu hadir di setiap kasus, dan berdasarkan hal ini apa yang menampak diukur melalui apa yang melampaui pencerapan (*supersensuous*) (Heidegger, 1979: 151-152).

Hakikat kebenaran dalam positivisme berbeda dari Platonisme. Kebenaran adalah pengukuran, yaitu diletakkan (*the positum*) kepada ukuran yang memastikan kepastian (*positive*) kebenaran melalui metode. Positivisme membalik standar Platonisme: apa yang menampak dalam pencerapan harus diletakkan di atas sehingga apa yang benar adalah yang dapat dicerap dan dapat dibuktikan secara ilmiah. Positivisme melihat dasar mengetahui adalah pengetahuan yang diperoleh secara ilmiah dalam arti luas (Heidegger, 1979: 152).

Heidegger menawarkan arti lain dari hakikat kebenaran, yaitu sebagai pengungkapan (*aletheia*). Kebenaran sebagai pengungkapan artinya melihat sesuatu seperti: manusia, hewan, tumbuhan, atau entitas di sekitar kita berada dalam Ada (*in-Being*). "Dalam Ada" (*"in-Being*) peneliti menafsir diambil dari prinsip alasan mencukupi dari Leibniz, bahwa "terdapat alasan kenapa sesuatu sudah ada daripada (*potius quam*) tidak ada." Prinsip ini mengutamakan semua entitas sudah ada daripada (*rather than*) tidak ada, hanya perlu alasan untuk mengungkapkannya (Heidegger, 1984b: 218-219). Kebenaran sebagai pengungkapan adalah mengejawantahkan sesuatu yang hadir di tengah-tengah kita sehingga terbuka jalan untuk bertemu dengannya tanpa menyembunyikan.

"Menyembunyikan" (*"concealment"*) artinya menolak sesuatu hadir dalam dirinya sendiri, tetapi membuat sesuatu hadir dalam sebuah bingkai (*"framework"*) teoritis (Heidegger, 1953: 340-342), baik secara "Platonisme" dan "Positivisme".

Heidegger melihat kebenaran sebagai pengungkapan terjadi lewat kerja seni (*work of art*). Kata"kerja" (*"work"*) berarti membangun atau membentuk dunia, "dunia" merupakan alam di mana manusia menjadi dirinya sendiri dan merasa ada di rumah (*at home*). Manusia tinggal di rumah (*home*) bersama segala sesuatu dekat dengannya, dan kebenaran tinggal bersama mereka, kebenaran ini bukan sesuatu yang mewakili secara tepat, melainkan dunia yang dibawa maju untuk diungkap melalui seni (*art*) (Heidegger, 2001c: 40-43). "Seni" (*"art"*) merupakan apa yang mempertahankan kreativitas seseorang sehingga terbuka jalannya sendiri menuju kebenaran. Kebenaran tidak ada dalam dirinya sendiri, kebenaran sebagai pengungkapan harus didirikan. Kalimat "kebenaran sebagai pengungkapan melalui kerja seni" artinya membawa maju sesuatu sebagaimana adanya sehingga dapat tersampaikan kepada orang lain tanpa bermaksud mewakili (Heidegger, 2001c: 60). Misalnya, sepasang sepatu, banyak orang telah mengetahui sepasang sepatu. Lukisan Van Gogh tentang sepasang sepatu petani mengungkapkan sepasang sepatu yang hadir ke hadapan Van Gogh. Lukisan Van Gogh tidak memberikan klasifikasi sepatu secara umum yang diwakili sepatu petani, melainkan Van Gogh mengungkapkan sepatu petani sebagai sesuatu yang unik hadir ke hadapannya. Suatu kerja seni Van Gogh merupakan pengungkapan yang unik di dalam dirinya sendiri. Heidegger mengacu kepada lukisan Van Gogh, menunjukkan sebuah kejadian pengungkapan kebenaran dalam sebuah kerja seni (Heidegger, 2001c: 32-33).

Mendirikan kebenaran melalui suatu kerja seni merupakan membawa maju apa yang tidak pernah ada sebelumnya dan tidak akan pernah datang sama untuk kedua kali. Suatu kerja seni terletak dalam kesendirian (*solitarily*), berpegang pada diri sendiri dan jelas memotong semua ikatan dengan makhluk manusia. Hasilnya sebuah kerja seni semakin datang terbuka menuju apa yang hadir ke hadapan seorang seniman. Seniman (*artist*) membawa dirinya kepada keterbukaan terhadap "Ada," dan dengan ini dia membuang kekangan semua yang biasa, seperti: nama, hadiah, dan pencarian untuk tetap dalam keteraturan (Heidegger, 2001c: 64).

Heidegger melihat hubungan kebenaran dan seni saat ini terpisah. Kebenaran terletak pada prinsip berpikir atau logika, dan seni berhubungan dengan teori keindahan atau estetika (*aesthetics*). Estetika melihat kerja seni dari luar dan dibingkai dalam teori keindahan (Heidegger, 2001c: 35). Tetapi, Heidegger melihat seni sebagai kejadian kebenaran, pada tingkat sebagaimana adanya, sebab seni membawa maju kodrat alamiah seseorang untuk berdiri dalam kebenaran sebagai pengungkapan. Heidegger melihat seni secara mendasar adalah puisi. Puisi berasal dari bahasa Yunani yaitu *poesy*. Kata "*poesy*" berarti membawa maju dalam sebuah produksi, nama ini kemudian secara khusus mengacu kepada seni kata-kata dan dalam seni Yunani secara umum. *Poesy* membuka apapun lebih dari yang biasa, ini terletak pada bahasa, bahasa membuka kehadiran sesuatu untuk pertama kalinya. Pada titik ini, bahasa muncul pertama kali membangun kebenaran sebagai pengungkapan dalam puisi (Heidegger, 2001c: 71-72).

Heidegger melihat kata-kata puitis di dalam puisi memproyeksikan kebenaran. Puisi bukan kesenangan menuju alam tidak nyata. Puisi membuka apa yang tersembunyi di tengah berkumpulnya entitas sehari-hari, ini merupakan proses berpikir untuk menyusun kata-kata puitis, kekuatan imajinasi. Pada orang Yunani, terutama sebelum Plato, puisi memproyeksikan kebenaran dalam mengungkap Ada, artinya di dalam puisi terjadi proses keterbukaan memberi nama untuk pertama kali, yang mana bahasa yang biasa sebagai pertukaran dan persetujuan dalam komunikasi tidak bisa mengikuti. Kata-kata puitis melepaskan dari rutinitas yang biasa sekaligus mengungkapkan (*unconceal*) suatu kejadian yang terungkap unik dalam setiap waktunya (Heidegger, 2001c: 71-72).

Heidegger melihat secara umum seni merupakan kreativitas yang memampukan kebenaran menjadi terungkap. Ketika seni terjadi maka terjadi pula tusukan menuju awal sejarah yang baru, sejarah siap mengulang dari awal. Sejarah bukan urutan kejadian sejarah, melainkan apa yang membawa orang-orang yang ditunjuk untuk mengungkap sebagai orang-orang yang menyejarah (Heidegger, 2001c: 74).

BAB 7: *GESTELL* DI ETALASE DIGITAL: KASUS BELANJA DARING

7.1. Pendahuluan

Smartphone telah bertransformasi menjadi lebih dari sekadar alat komunikasi. Layarnya yang mungil kini menjadi etalase digital yang selalu ada dalam genggaman, menawarkan akses tanpa batas ke dunia belanja daring. Dari pakaian, makanan, hingga kebutuhan sehari-hari, semuanya dapat diperoleh hanya dengan beberapa ketukan jari. Bab ini akan mengilustrasikan bagaimana *Gestell*, kerangka berpikir yang menyingkap hakikat teknologi modern menurut Martin Heidegger, termanifestasi dalam fenomena belanja daring. Pembahasan ini diadaptasi dari disertasi penulis yang meneliti fenomena belanja daring di Surabaya, sebuah kota metropolitan di Indonesia yang memiliki tingkat penetrasi internet dan pengguna smartphone yang tinggi. Studi kasus Surabaya memberikan gambaran yang jelas tentang bagaimana *Gestell* bekerja dalam kehidupan sehari-hari masyarakat urban, terutama dalam interaksi mereka dengan teknologi digital.

Filsafat Martin Heidegger secara umum membicarakan hubungan manusia dan Ada (Being). Kata "Ada" mengacu kepada kehadiran sesuatu daripada tidak ada. Heidegger (1996: 1) menanyakan arti Ada; artinya Heidegger menanyakan dari mana hadirnya arti sehingga membuat sesuatu menjadi hadir dalam pikiran seseorang. Heidegger mendekati pertanyaan arti "Ada" melalui jalan Dasein, kalimat "mendekati arti Ada melalui jalan Dasein" artinya Ada sebagai kehadiran merupakan kehadiran sesuatu atau "Ada" selalu mengacu kepada adanya sesuatu. Inti dari mendekati arti Ada melalui jalan Dasein adalah Heidegger melihat konsep filsafat "Ada" artinya menjadi menguap bila dikatakan sebagai konsep yang terbukti pada dirinya sendiri; kata "Ada" mendapatkan artinya ketika dihadapkan kepada adanya sesuatu di sekitar manusia. Kata "Dasein" secara literal berarti "Ada di sana" (Being-there). Kata tersebut merupakan kata umum dalam bahasa Jerman yang menunjuk kehadiran apapun yang menampak (Heidegger, 1967: 41). Heidegger (1962: xvi) secara khusus menggunakan kata "Dasein" menunjuk keberadaan manusia di dalam ruang dan waktu yang berhadap-hadapan dengan entitas dan mengungkapkan kehadiran sesuatu sehingga adanya sesuatu menjadi terungkap kepada orang lain. Dalam konteks ruang dan waktu, Dasein menjadi konteks situasi yang mana kejadian yang sesuai (event of appropriation) dengan pemahaman seseorang hadir, sehingga dapat menafsirkan sesuatu sebagai sesuatu, sehingga arti sesuatu menjadi terungkap (Heidegger, 2008: 60).

Michael Zimmerman (1990: 420-422) melihat dua poin penting dalam filsafat teknologi Heidegger berkaitan tentang "Ada" dan teknologi: (1) Heidegger melihat kondisi manusia di era modern didominasi teknologi. Dominasi teknologi terletak pada ketergantungan manusia pada mesin teknologi terhadap segala sesuatu, hal ini disebut pembingkaian (enframing/*Gestell*). Misalnya alat-alat kehidupan sehari-hari menggunakan mesin teknologi yang memudahkan hidup. (2) Heidegger melihat kemudahan hidup yang ditawarkan teknologi menyimpan bahaya homogenisasi segala hal sehingga hilangnya arti sesuatu. Misalnya mesin ketik menyembunyikan karakter tulisan yang mempribadi dari seorang penulis. Pada akhirnya teknologi menjadi jalan satu dimensi mengungkap kehadiran sesuatu. Bab ini akan mengeksplorasi bagaimana *Gestell* ini termanifestasi dalam fenomena belanja daring di Surabaya.

Filsafat Martin Heidegger secara umum membicarakan hubungan manusia dan Ada. Kata "Ada" (*Being*) mengacu kepada kehadiran sesuatu daripada tidak ada. Heidegger (1996: 1) menanyakan arti Ada; artinya Heidegger menanyakan dari mana hadirnya arti sehingga membuat sesuatu menjadi hadir dalam pikiran seseorang. Heidegger mendekati pertanyaan arti "Ada" melalui jalan *dasein*, kalimat "mendekati arti Ada melalui jalan *dasein*" artinya Ada sebagai kehadiran merupakan kehadiran sesuatu atau "Ada" selalu mengacu kepada adanya sesuatu, inti dari mendekati arti Ada melalui jalan *dasein* adalah Heidegger melihat konsep filsafat "Ada" artinya menjadi menguap bila dikatakan sebagai konsep yang terbukti pada dirinya sendiri, kata "Ada" mendapatkan artinya ketika dihadapkan kepada adanya sesuatu di sekitar manusia. Kata "*Dasein*" secara literal berarti "Ada di sana" (*Being-there*). Kata tersebut merupakan kata umum dalam bahasa Jerman yang menunjuk kehadiran apapun yang menampak (Heidegger, 1967: 41). Heidegger (1962: xvi) secara khusus menggunakan kata "*dasein*" menunjuk keberadaan manusia di dalam ruang dan waktu yang berhadap-hadapan dengan entitas dan mengungkapkan kehadiran sesuatu sehingga adanya sesuatu menjadi terungkap kepada orang lain. Dalam konteks ruang dan waktu, *dasein* menjadi konteks situasi yang mana kejadian yang sesuai (*event of appropriation*) dengan pemahaman seseorang hadir, sehingga dapat menafsirkan sesuatu sebagai sesuatu, sehingga arti sesuatu menjadi terungkap (Heidegger, 2008: 60).

Michael Zimmerman (1990: 420-422), melihat dua poin penting dalam filsafat teknologi Heidegger berkaitan tentang "Ada" dan teknologi: (1) Heidegger melihat kondisi manusia di era moderen didominasi teknologi. Dominasi teknologi terletak pada ketergantungan manusia pada mesin teknologi terhadap segala sesuatu, hal ini disebut pembingkaian (*enframing/Gestell*). Misalnya alat-alat kehidupan sehari-hari menggunakan mesin teknologi yang memudahkan hidup. (2) Heidegger melihat kemudahan hidup yang ditawarkan teknologi menyimpan bahaya homogenisasi segala hal sehingga hilangnya arti sesuatu. Misalnya mesin ketik menyembunyikan karakter tulisan yang mempribadi dari seorang penulis. Pada akhirnya teknologi menjadi jalan satu dimensi mengungkap kehadiran sesuatu.

7.2. Mengapa Surabaya?

Lokasi penelitian ini adalah kota Surabaya. Kota Surabaya dipilih karena Surabaya merupakan kota dengan jumlah penduduk terbanyak ke dua setelah Jakarta. Surabaya merupakan ibu kota Jawa Timur dengan jumlah penduduk menurut dispendukcapil 2.900.190 jiwa. Mayoritas penduduk kota Surabaya dari sektor pendidikan merupakan lulusan SLTA/sederajat dengan jumlah 876.455 jiwa atau setara dengan 30% dari jumlah penduduk Surabaya. Rata-rata masyarakat Surabaya mengakses internet melalui *smartphone* lebih dari lima jam per hari, dan didapatkan data 53,2% remaja di Surabaya memiliki satu *smartphone*, sedangkan 36% memiliki dua *smartphone*. Sedangkan aktifitas di media sosial adalah 81,8% melihat berita, 76,6% mengunggah foto/video, 68% memberi komentar, dan 66,2% adalah memperbarui status di media sosial (Nugraheni & Anastasia, 2017: 13). Berdasar data aktivitas perilaku internet masyarakat dan posisi Surabaya sebagai kota dengan penduduk terbanyak ke dua setelah jakarta, menunjukkan bahwa Kota Surabaya dapat digunakan sebagai lokasi penelitian sebab mayoritas penduduk kota Surabaya telah mengetahui Internet dan sebagai kemungkinan juga aktif dalam belanja daring.

Surabaya termasuk salah satu kota besar di pulau Jawa dan pulau Jawa sendiri termasuk salah satu pulau terbesar di Indonesia. Pada Tahun 2020, pulau Jawa berkontribusi terbesar terhadap kenaikan pengguna internet di Indonesia yakni 56,4 persen. Perilaku pengguna internet di masa pandemi ini kebanyakan mengakses belanja daring (*online*), media sosial, komunikasi pesan, dan permainan daring (*game online*). Belanja daring mengalami kenaikan juga, produk-produk yang dibeli saat belanja daring di masa pandemi ini adalah produk fashion-kecantikan, produk rumah tangga, dan produk elektronik. Mall internet yang menjadi favorit pengguna saat belanja daring adalah Sophee, Lazada, Tokopedia, dan Bukalapak (Tim APJII, 2020: 1). Artinya, secara umum surabaya memiliki pengaruh besar dalam peningkatan pengguna belanja daring di Indonesia. Secara mendasar, peneliti memilih kota Surabaya sebagai lokasi penelitian karena kota Surabaya adalah kota besar di Indonesia dengan pengguna internet yang sangat banyak. Pada tahun 2018 saja terdapat 3 juta pengguna (https://statistik.kominfo.go.id/site/data?idtree=326&iddoc=1186); artinya dampak perilaku belanja daring di Kota Surabaya lebih terlihat daripada kota lain dengan pengguna internet rendah.

7.3. Belanja Daring vs. Belanja Konvensional: Pergeseran Paradigma

Pergeseran dari belanja konvensional (*offline shopping*) menuju belanja daring (*online shopping*) menandai transformasi mendasar dalam relasi manusia dengan objek-objek pemenuhan kebutuhan. Belanja konvensional, sebagaimana didefinisikan oleh Mujiyana dan Elissa (2013: 20), melibatkan interaksi langsung dan waktu-nyata antara konsumen dan penjual tanpa perantaraan media internet. Di sisi lain, belanja daring, menurut Sari (2015, 205), adalah proses akuisisi barang dan jasa melalui jaringan internet, menghilangkan keharusan tatap muka antara pihak-pihak yang bertransaksi.

Transisi ini bukan sekadar perubahan teknis dalam metode pertukaran, melainkan sebuah gejala dari bekerjanya *Gestell.* Toko daring, dengan segala kelebihannya yang diungkapkan oleh Sari (2015: 205), seperti ketersediaan 24 jam, modal pendirian yang relatif kecil, dan kemampuan untuk menyajikan katalog produk yang kaya melalui teks, foto, dan multimedia, justru semakin memperkuat logika *Gestell*. Ketersediaan tanpa henti menciptakan imperatif konsumsi yang tidak mengenal batas ruang dan waktu, mengaburkan perbedaan antara kebutuhan dan keinginan. Modal yang rendah memungkinkan proliferasi etalase digital, membanjiri ruang publik virtual dengan komoditas yang siap dieksploitasi. Kemampuan untuk membandingkan produk secara luas, alih-alih memberdayakan konsumen, justru menjebak mereka dalam kalkulasi rasionalitas instrumental yang merupakan inti dari *Gestell*. Konsumen didorong untuk melihat segala sesuatu sebagai sumber daya yang dapat diukur, dibandingkan, dan dioptimalkan, kehilangan apresiasi terhadap kualitas intrinsik dan nilai guna yang mendalam.

Kemudahan akses ke berbagai toko daring secara simultan dalam sebuah *website* konsumsi besar semakin menegaskan karakteristik *Gestell* sebagai pengungkapan yang menantang (*herausfordernd*) alam untuk menyediakan sumber daya. Konsumen tidak lagi berinteraksi dengan penjual sebagai individu, melainkan dengan platform anonim yang mengagregasi dan menstandarisasi komoditas. Pengalaman berbelanja direduksi menjadi serangkaian klik dan perbandingan harga, menghilangkan dimensi personal dan kontekstual yang melekat pada transaksi konvensional. Dengan demikian, belanja daring bukan sekadar cara baru untuk membeli barang, melainkan sebuah manifestasi dari bagaimana *Gestell* membentuk kembali cara manusia berada di dunia dan berelasi dengan objek-objek di sekitarnya, mereduksi keduanya menjadi *Bestand* – persediaan yang siap untuk dipesan dan dikonsumsi.

7.4. Metode Penelitian

Penelitian ini menggunakan metode fenomenologi. Fenomenologi sebagai jalan penelitian artinya jalan penelitian untuk segala sesuatu yang menampak atau fenomena (*phenomenon*) dan bukan berhubungan dengan objek material khusus (Heidegger, 1985:85). Kata "menampak" mengacu pada penampakan sesuatu yang tidak terberi, yaitu sesuatu yang menunjuk (*indicate*) sesuatu yang lain. Apa yang menampak merupakan acuan (*reference*) kepada sesuatu yang tidak menunjukkan dirinya sendiri (Heidegger, 1985: 82), misalnya, bintik-bintik kemerahan di kulit dan panas badan yang tinggi dapat menunjuk kepada gejala penyakit cacar. Suatu acuan dapat berupa simbol, gejala, jejak, dokumen, testimoni (Heidegger, 1985: 202).

Metode fenomenologi Heidegger menggunakan prinsip perbedaan ontologi (*ontological difference*), artinya perbedaan adanya sesuatu (*Being*) dan entitas itu sendiri (*beings*). Penelitian filsafat merupakan penelitian mencari arti dari sesuatu dan membawa arti yang hadir ke hadapan kita itu sebagai kemungkinan keseluruhan. Perbedaan ontologi berperan sebagai prinsip untuk membaca arti kehadiran sebagai keseluruhan yang dilihat dari entitas yang menampak. Metode fenomenologi Heidegger mencari struktur dasar (*essence*) keseluruhan yang ada melalui apa yang terlihat dari suatu entitas (Heidegger, 1975:13).

Penelitian filsafat mencari arti. Arti didapatkan dari pemahaman yang didapatkan dari lingkungan pengalaman (Heidegger, 2008: 56). Kalimat "lingkungan pengalaman" artinya pengalaman kehidupan sehari-hari (*lived experience*) (Heidegger, 2008: 60). Arti terbentuk dari penafsiran kejadian yang sesuai (*event of appropriation*) dari apa yang telah dipahami oleh seseorang; pemahaman adalah apa yang telah terungkap pertama kali oleh tiap orang berdasar pengalaman hidupnya. Misalnya, ruang kuliah diartikan berbeda dari sudut pandang seorang anggota suku pedalaman dan seorang dosen.

Anggota suku pedalaman mungkin melihat sesuatu yang ajaib, sedangkan seorang dosen melihat tempat untuk mengajar; keduanya melihat sesuatu yang sama tetapi mengartikan secara berbeda (Heidegger, 2008: 56-57).

Sebuah penelitian dimulai dari ide yang diperoleh dari lingkungan pengalaman. Peneliti meneliti fakta yang hadir ke hadapannya, kata "fakta" merupakan sesuatu yang menampak dari di dalam dirinya sendiri. Tetapi, fakta tidak langsung jelas di dalam dirinya sendiri melainkan perlu ditafsirkan. Penafsiran hadir berdasar apa yang dipahami oleh peneliti melalui pemahaman yang berasal lingkungan pengalaman pribadi. Arti merupakan pengungkapan (*explication*) penafsiran "melihat" apa yang menampak berdasar apa yang dipahami (Heidegger, 1985: 218).

Penelitian tentang "*perilaku belanja daring dalam perspektif filsafat teknologi Martin Heidegger (Studi Kasus Di Kota Surabaya)*" merupakan penelitian lapangan. Penelitian ini menggunakan paradigma penelitian kualitatif, artinya konsep-konsep yang dianut menunjuk pada kualitas-kualitas objek penelitian seperti nilai, arti, dan peristiwa dengan pendekatan kualitatif (Kaelan, 2005: 27-29).

7.5. Pengumpulan Data untuk Analisis Fenomenologis

Penelitian ini berjenis penelitian lapangan, memfokuskan objek material pada perilaku belanja daring di Kota Surabaya, serta objek formal pada filsafat teknologi Martin Heidegger. Sumber primer objek material penelitian ini berasal dari data hasil wawancara dengan informan, yang dipahami sebagai seseorang yang memahami informasi objek penelitian sebagai pelaku dan dapat menunjuk orang lain yang mengetahui objek penelitian (Bungin, 2008: 76). Data diperoleh dari keterangan warga Kota Surabaya yang merupakan pelanggan tetap toko daring di kota tersebut. Sementara itu, sumber primer objek formal penelitian ini adalah buku-buku Martin Heidegger berdasarkan urutan koleksi buku (*Gesamtausgabe*/GA) yang relevan, yang panduan utamanya akan dibahas lebih lanjut pada bab 2 mengenai karya-karya Martin Heidegger.

Langkah-langkah penelitian yang dilakukan mencakup penentuan materi dan alat-alat utama yang dipakai, serta penentuan jalan penelitian, yang meliputi lokasi penelitian, subjek penelitian (informan), cara pengumpulan data, dan analisis hasil secara kefilsafatan. Lokasi penelitian dipilih sebagai tempat untuk menangkap keadaan sebenarnya dari objek yang diteliti, dan dalam studi ini, lokasi yang diambil adalah Kota Surabaya. Penentuan informan penelitian menggunakan teknik *purposive sampling*, yakni teknik pengambilan data yang disesuaikan dengan tujuan dari penelitian, guna memastikan data yang diberikan sesuai dengan tujuan studi (Sugiyono, 2007: 213). Informan dalam penelitian ini berjumlah 18 orang, seluruhnya adalah warga Kota Surabaya yang merupakan pelanggan tetap toko daring di Kota Surabaya. Untuk memperoleh informan, peneliti menggunakan metode *key person*, yaitu orang yang mengetahui informasi mengenai objek penelitian dan dapat memberi petunjuk tentang siapa yang relevan diwawancarai (Bungin, 2008: 77), sekaligus membantu memulai wawancara. Penentuan *key person* didasarkan pada kriteria Burhan Bungin (2001a: 101), yakni: 1) pemilik toko daring yang memiliki pelanggan tetap dan kenalan penjual (reseller) untuk menghubungkan kepada pengguna belanja daring di Kota Surabaya, serta 2) memiliki pengetahuan luas mengenai belanja daring (telah membuka toko daring selama dua tahun). Dalam penelitian ini, penjual (reseller) barang melalui toko daring bernama Onlishop, dengan pemilik bernama Riandini Aprilia Utomo, berperan sebagai *key person*.

Teknik pengumpulan data yang diterapkan dalam penelitian ini adalah metode wawancara, khususnya wawancara sistematik. Wawancara sistematik adalah metode wawancara di mana pewawancara telah terlebih dahulu mempersiapkan pedoman (*guide*) tertulis mengenai hal-hal yang hendak ditanyakan kepada informan (Bungin, 2001b: 134). Pedoman wawancara tersebut berfungsi sebagai alur yang harus diikuti, tersusun dari pertanyaan mudah hingga hal-hal yang lebih kompleks. Bungin (2001b: 134) menguraikan beberapa kelebihan wawancara sistematik, antara lain: pedoman wawancara berfungsi membimbing alur wawancara agar terarah, dapat menghindari kemungkinan melupakan persoalan relevan, dan meningkatkan kredibilitas penelitian karena metode ini dapat dipertanggungjawabkan secara tertulis. Data yang terkumpul melalui teknik wawancara ini akan menjadi dasar bagi klaim pembuktian dalam analisis fenomenologis hasil penelitian.

Arti bukti hasil wawancara hanya menunjuk kehadiran hakikat sesuatu yang ditunjuk tetapi bukan bukti hakikat (*essence*) telah digenggam secara objektif. Ilmu khusus bidang sosial menggunakan triangulasi data atau pencocokan uji kebenaran data antara satu informan dengan informan lainnya, sehingga data dapat dikatakan valid atau sahih untuk mewakili suatu kasus. Tetapi, Heidegger (1994: 70) melihat kekonyolan (*absurdity*) menggenggam hakikat berdasarkan satu atau beberapa pernyataan faktual (*factual statement*) dari satu kasus dapat sahih untuk kepada semua kasus. Alasannya, apa yang ditunjukkan (*demonstrated*) dari bukti pernyataan faktual merupakan apa yang hadir di dalam suatu ruang dan waktu, jika hakikat apa yang benar berdasar ketepatan mewakili artinya seorang peneliti harus menguji keseluruhan kasus sampai saat ini dan sekaligus tidak ada perubahan di masa yang akan datang, yang mana itu tidak mungkin.

Heidegger (1994: 83-84) mengatakan menggengam hakikat sebagai membawa maju mengungkapkan arti. Kalimat "menggenggam maju mengungkapkan arti" artinya mencari kata-kata untuk mengungkapkan apa yang hadir di dalam perasaan. Menggenggam hakikat terletak pada praanggapan untuk melihat kemungkinan sebagai keseluruhan dari suatu kasus, fakta suatu kasus melayani sebagai kehadiran hakikat sesuatu dan bukan kepastian hakikat keseluruhan yang ditemukan lewat satu kasus di lapangan. Heidegger (1985: 50) melihat apa yang dimaksud "bukti" (*"evidence"*) secara fenomenologis adalah mengisi identifikasi maksud tindakan tertentu. Kalimat "identifikasi maksud" artinya menunjuk (*points out*) apa yang dirasakan perasaan (*intuition*) peneliti dari suatu kasus untuk menghadirkan arti sebagai kemungkinan keseluruhan. Kata "mengisi" berarti meletakkan apa yang ada di dalam perasaan yang ditunjukkan melalui bukti dokumen, foto, maupun testimoni melalui kata-kata untuk mengungkap apa yang menjadi permasalahan. Heidegger melihat "bukti" secara filosofis merupakan visi pengembangan dari apa yang dipahami dari sebuah pokok masalah, oleh karena itu bukti selalu dalam maksud (*intention*) seorang peneliti.

7.5. Analisis Data

Penelitian ini dilakukan dengan menggunakan unsur-unsur metodis sebagai berikut:

7.5.1 Pemahaman (*Understanding*)

Pemahaman adalah jalan yang terungkap mengenai sesuatu yang diperhatikan (*concerned*). Pemahaman merupakan gambaran (*sketch*) mengenai sesuatu yang sudah dikenal (*familiar*) mengenai sebuah konteks situasi. Pemahaman pada tempat pertama bukan merupakan cara mengetahui (*mode of knowing*) melainkan sudah mengetahui secara maju yang mana seseorang mengatakan "saya bisa" (*I can*) menafsirkan sesuatu sebagai sesuatu. Penafsiran merupakan suatu bentuk pengungkapan (*explication*) dari pemahaman, sesuatu yang sudah dikenal dalam pemahaman dan dapat ditafsirkan oleh seseorang disebut arti (*meaning*) (Heidegger, 1985: 209).

Pemahaman memperoleh dasar melalui struktur dalam kehidupan melalui perasaan (*disposition*). Perasaan merupakan struktur sebelum adanya pengalaman (*a priori*), artinya sebagai manusia yang sudah hidup di dunia, selalu sudah hidup dalam suatu keadaan (*state of affairs*). Kata "dunia" (*world*) dalam pengertian Heidegger adalah selalu dunia ruh (*spiritual world*), kata "ruh" mengacu kepada permulaan keselarasan seseorang dengan dirinya sendiri, sehingga "dunia ruh" mengacu kepada lingkungan sehari-hari (*everyday environment*) di mana seseorang tinggal (*dwell*) dan menemukan arti arti keberadaannya (Heidegger, 1985: 255). Contoh dunia dalam konteks Heidegger adalah dunia kerja seorang pengrajin, dia terserap dalam lingkungan dunia tersebut, sebagai tempat yang unik bagi pengrajin tersebut. Dia bertemu dengan barang-barang hasil kerajinannya, bertemu dengan pengrajin lainnya dan para pembeli barang kerajinan, struktur kehidupan sebagaimana adanya ini disebut lingkungan dunia sehari-hari (Heidegger, 1985: 192-193).

Perasaan (*disposition*) secara *a priori* memandu pemahaman dalam menafsirkan kejadian yang hadir di depan kita. Sebelum seseorang memahami sesuatu terdapat perasaan terhadap sesuatu. Perasaan adalah struktur dasar manusia yang ada sebelum adanya pemahaman atau pra-pemahaman (*preunderstanding*) (Heidegger, 1985: 299). Terdapat tiga saat (*moment*) pembentukan pemahaman yang terdiri dari:

1. Latar belakang (*Prepossesion*)

   Latar belakang memberikan gambaran secara menyeluruh apa yang akan ditemukan meskipun masih samar. Pemahaman berdasarkan apa yang sudah familiar di sekitarnya sehingga bisa memahami sesuatu yang akan ditemukan di dunia. (Heidegger, 1985: 299).

2. Latar sudut pandang (*Preview*)

   Latar sudut pandang adalah sudut pandang tertentu yang sudah dimiliki berdasarkan latar belakang peneliti dalam menafsirkan sesuatu. Berdasar latar belakang sebelumnya peneliti dapat mengambil sudut pandang tertentu dalam menafsirkan suatu situasi (Heidegger, 1985: 299).

3. Latar konsep (*Preconception*)

   Latar belakang dan latar sudut pandang membentuk konsep apa yang akan digunakan oleh peneliti untuk menjelaskan penelitiannya. Konsep kemudian menjadi hubungan arti yang saling terkait dengan pemahaman peneliti. Latar konsep adalah hubungan inheren dalam menggunakan konsep berdasar latar belakang dan latar sudut pandang (Heidegger, 1985: 300), sehingga konsep (*concept*) bukan merupakan sebuah skema melainkan sebuah kemungkinan hadirnya sebuah arti, yang mana setiap peneliti bertarung dengan dirinya sendiri untuk mencari arti yang paling hadir bagi dirinya, sekaligus menawarkan sebagai suatu kemungkinan untuk dapat dibicarakan semua orang (Heidegger, 1999a: 12).

7.5.2. Penafsiran (*intrepretation*)

Penafsiran merupakan pengungkapan (*explication*) dari pemahaman untuk melihat sesuatu sebagai (*as*) sesuatu. Pemahaman memungkinkan adanya penafsiran yang menunjukkan adanya hubungan antara fenomena dan arti fenomena tersebut. Penafsiran memberi arti bagi sesuatu, artinya menafsirkan adalah mencari kata-kata dari apa yang dipikirkan seorang peneliti, sehingga artinya dapat dipahami orang lain (Heidegger, 1985: 261).

7.5.3. Indikasi Formal (*Formal Indication/Formale Anzeigen*)

Karakter konsep dalam metode fenomenologi Martin Heidegger secara khusus adalah indikasi formal (*formal indication*). Heidegger mengatakan jika filsafat mencari prinsip dari sesuatu yang bersifat konkrit, maka pemberian definisi pada tingkat prinsip masih menanggung acuan kepada sesuatu yang konkrit di dalam ruang dan waktu. Berdasar beban yang ditanggung penyusunan definisi dalam level prinsip, maka karakter konsep yang disusun di filsafat hanya bisa secara "indikasi formal" (Heidegger, 2001b: 27).

Definisi "Formal" artinya konsep filsafat yang digunakan bersifat menunjuk kepada suatu arah yang menentukan (Heidegger, 2001b: 27). "Indikasi" artinya untuk mendefinisikan objek menunjuk (*indicate*) kepada suatu fenomena. Fenomena merupakan semacam acuan (*reference*), seperti: simbol, testimoni dan dokumen. (Heidegger, 1985: 202).

Heidegger (1985: 76) mengatakan karakter konsep filsafat dalam metode fenomenologi bersifat Indikasi formal dengan berdasarkan semboyan fenomenologi yaitu "kepada sesuatu itu sendiri" (*To the things themselves*). Arti semboyan tersebut adalah kembali kepada entitas konkret (*concrete entity*) (Kisiel, 1995: 396-397). Pembentukan formalitas prinsip terbatas fenomena yang ditunjuk tanpa mengklaim ideal bagi keseluruhan fenomena. Sesuatu yang ideal tidak bisa didapatkan dari sebuah kasus kecuali menguji (*exhibiting*) semua kasus (Heidegger,1994: 70). Maka, konsep filsafat berkaitan fenomena bersifat menentukan (*formal*) tetapi sekaligus menunjuk (*indicate*) kapan fenomena tertentu yang dijadikan acuan untuk mengatakan kehadiran sesuatu, tanpa mengklaim pasti tepat mewakili untuk keseluruhan situasi (Heidegger, 2001b: 28).

7.6. Penyajian Data

Penyajian data ini akan menjawab permasalahan mengenai bagaimana manifestasi *Gestell* dalam fenomena belanja daring dan bagaimana bahaya yang tersembunyi di baliknya. Namun, sebelum memasuki penyajian data secara spesifik, perlu kiranya untuk kembali menegaskan kerangka metodologis yang melandasi penelitian ini. Penelitian ini merupakan penelitian mengenai apa yang menampak (*phenomen*) dalam kehidupan sehari-hari, yaitu: belanja daring (*online shopping*). Penelitian ini merupakan penelitian ontologi. Heidegger menggunakan kata "ontologi" (*"ontology"*) bukan dalam bingkai sistem kategori (*kategorein*) atau teori mengenai kehadiran keseluruhan entitas dalam aturan (*order*) tertentu. Melainkan, menggunakan kata "ontologi" yang berarti usaha mengungkapkan apa yang hadir di dalam perasaan ke dalam kata-kata (Heidegger, 2000a: 43).

Peneliti secara metode mendekati pertanyaan apa arti sesuatu secara umum tidak menggunakan bingkai epistemologi dalam aliran realisme dan idealisme, melainkan apa yang Heidegger sebut "perbedaan secara ontologi" (*"ontological difference"*). Perbedaan ontologi merupakan perbedaan pemahaman sesuatu (*ontological*) dan fakta sesuatu (*ontic*). Pemahaman sesuatu merupakan apa yang terungkap oleh seorang peneliti ketika melihat sesuatu. Apa yang ditemui dalam kehidupan sehari-hari adalah apa yang sudah dipahami sehingga dapat mengatakan "itu adalah" (*"it is"*). Pemahaman (*ontological*) adalah jalan memahami kehadiran sesuatu (*way of Being*) yang memandu permulaan penelitian dan membaca sebagai keseluruhan. Sedangkan, fakta (*ontic*) merupakan fakta yang menampak dari sesuatu sehingga dapat menjadi acuan (*referential*) untuk mengatakan sesuatu itu sebagai sesuatu. Apa yang menjadi acuan merupakan variasi yang menampak, seperti: simbol, dokumen, testimoni. Berdasarkan perbedaan secara ontologi, sedangkan "arti" (*"meaning"*) dalam penelitian ini diperoleh dari apa yang peneliti telah pahami ketika terlibat di dalam lingkungan sehari-hari tersebut sehingga dapat mengungkap arti dari fakta lapangan yang peneliti (Heidegger, 1975: 13-14). Penyajian data akan menjawab permasalahan penelitan bersama dengan bukti wawancara yang mendukung.

7.6.1. Hakikat Belanja Daring Sebagai Pembingkaian Belanja

Gestell, dalam pandangan Heidegger, bukanlah sekadar alat atau teknologi itu sendiri, melainkan cara berpikir yang mendasari penciptaan dan penggunaan teknologi. *Gestell* adalah kerangka berpikir yang memandang segala sesuatu sebagai "*standing-reserve*" (*Bestand*), yaitu sumber daya yang siap untuk dieksploitasi dan dimanfaatkan (Heidegger, 1977: 19-21). Dalam konteks belanja daring, platform-platform seperti Tokopedia, Shopee, Lazada, dan lainnya, dapat dilihat sebagai perwujudan *Gestell*. Fitur-fitur yang terdapat dalam platform belanja daring, seperti rekomendasi produk yang dipersonalisasi, ulasan dan rating dari pembeli lain, diskon dan promosi, flash sale, serta kemudahan pembayaran, adalah contoh bagaimana *Gestell* bekerja. Rekomendasi produk, misalnya, didasarkan pada algoritma yang menganalisis data perilaku pengguna, seperti riwayat pencarian, produk yang pernah dilihat, dan barang yang dibeli. Algoritma ini bertujuan untuk memprediksi kebutuhan dan keinginan pengguna, dan kemudian menawarkan produk yang dianggap paling relevan. Proses ini menunjukkan bagaimana *Gestell* mereduksi manusia menjadi sekumpulan data yang dapat diolah dan dimanipulasi untuk tujuan efisiensi dan keuntungan.

Dalam konteks belanja, belanja pada prinsipnya dimulai dari pemenuhan kebutuhan tertentu, yang mendesak manusia untuk dipenuhi. Aktivitas "belanja" menunjuk kepada tindakan alamiah seseorang untuk mendapatkan barang yang menjadi kebutuhan dengan menukar sejumlah uang sebagai ganti barang tersebut (Engel, 1994: 4). Sedangkan, belanja daring (*online shopping*) artinya satu perwujudan teknologi dalam pemasaran barang secara elektronik (*e-commerce*), misalnya, *internet mall* yaitu bisnis-bisnis mall di dalam internet. Ritzer mengatakan secara umum belanja daring dapat dilihat bukan lagi belanja sebagai pemenuhan kebutuhan melainkan belanja sebagai sebuah bidang yang luas yang bentuk-bentuk kebutuhan disusun dan dikontrol secara terpusat (Ritzer, 2006: 161).

Berdasarkan arti belanja daring oleh Ritzer, peneliti menafsirkan belanja daring merupakan perwujudan teknologi dalam belanja. Jika arti belanja daring berhubungan teknologi, maka memberikan arti hakikat teknologi berdasar sudut pandang Martin Heidegger akan mendekatkan kepada arti belanja daring. Kata "hakikat" ("*essence*") dalam pengertian Heidegger berbeda dari pengertian umum, yang berarti keapaan (*quidditas*), menawarkan jawaban mengenai jawaban hakikat universal, misalnya keapaan pohon adalah "kepohonan" yang menghubungkan segala macam pohon. Hakikat dalam pengertian Heidegger adalah jalan mengada (*way of Being*) atau jalan memahami sesuatu sebagai sesuatu yang hadir ke hadapannya dan bertahan dalam kehadiran tersebut (Heidegger, 1977: 29, 36).

Hakikat teknologi moderen adalah jalan pengungkapan (*way of revealing*), tetapi jalan pengungkapan teknologi moderen adalah pembingkaian (*enframing*), kata "pembingkaian" mengacu kepada sifat teknologi untuk mengatur (*setting-upon*) untuk mengungkap; "mengungkap" artinya membuka kunci (*unlocks*) dari sesuatu sebagaimana adanya untuk diarahkan menuju kepada sesuatu yang lain, yaitu dorongan kepada keuntungan tertinggi dengan pengeluaran paling sedikit. Heidegger mencontohkan, jembatan kayu tua di sungai Rhine di Jerman mengungkap hubungan antara dua ujung sungai, ini adalah pengungkapan sebagaimana adanya. Berbeda dengan pembangkit listrik tenaga air (*hydroelectric plant*) yang diatur di sungi Rhine. Pembangkit listrik tersebut membuka apa yang terkunci dari aliran air untuk menggerakkan turbin untuk menghasilkan listrik darinya. Sungai kemudian tidak lagi dilihat sebagai sungai, melainkan sebagai penyedia sumber daya listrik (Heidegger, 1977: 14-16).

Berdasarkan sudut pandang "teknologi" di atas, belanja daring merupakan perwujudan teknologi dalam belanja, dapat dikatakan sebagai suatu kemungkinan bahwa belanja daring tidak lagi dalam konteks belanja sebagai pemenuhan kebutuhan tertentu dan mendesak, diubah menjadi pembingkaian belanja. Pembingkaian belanja dalam konteks belanja daring akan coba peneliti gambarkan dalam dua argumen sosiologis, yaitu:

1. Ritzer mengatakan "bukan-benda" yang dijual di situs internet. "bukan-benda" mengacu kepada kesederhanaan sebuah benda sehingga pembeli dapat mendapatkan dengan cepat dan mudah. Apa yang dijual di situs internet dapat diperoleh oleh pembeli barang dengan melakukan sedikit hal yang harus dilakukan dibanding apa yang dilakukan di dunia nyata seperti pergi ke pasar. Hal ini mempermudah tetapi sekaligus membingkai manusia dalam konsumsi, "konsumsi" mengacu kepada belanja barang. Internet menjadi ajang konsumsi sebab kemudahan mendapatkan barang yang diinginkan. "Bukan-benda" berarti ketiadaan arti dari sebuah benda sebab benda yang dibeli bukan dibeli karena dibutuhkan secara praktis oleh pemiliknya, melainkan karena dibeli karena munculnya hasrat berbelanja yang diakibatkan serangkaian arus dari iklan yang ditawarkan oleh situs

konsumsi. Contohnya, pembelian tas oleh seseorang di situs belanja daring dengan tujuan untuk koleksi tas merupakan pembelian "bukan-benda" tetapi lebih mengarah kepada memenuhi hasrat belanja. Belanja daring memiliki tingkat kemudahan untuk mendapatkan barang lebih dari berbelanja ke mall, sebab belanja daring dapat di akses melalui telepon genggam, hal ini yang membuat kemungkinan lebih tinggi pembelian "bukan-benda" terjadi melalui belanja daring (Ritzer, 2006: 175-176).

2. Argumen mengenai kegunaan palsu benda dari Baudrillard. Baudrillard merangkum kegunaan palsu dari sebuah benda dengan kata "*gizmo*". Kata "*gizmo*" mengacu kepada sebuah objek kehilangan aspek praktis yang dialihkan kepada gambaran mental, kata "gambaran mental" mengacu kepada arti di balik benda yang nyata terdapat objek impian. Kata "objek impian" artinya barang yang menjadi impian untuk dapat dimiliki banyak orang sebab menunjukkan status dalam kehidupan sosial. Contohnya, alat-alat moderen seperti alat komunikasi menjadi simbol untuk memberikan kebanggaan bagi pemiliknya untuk menunjukkan kecanggihan teknologi yang dimiliki, misalnya: telepon genggam model terbaru, dengan berbagai iklan kebaruan teknologi di dalamnya, membuat manusia membeli telepon genggam model terbaru sebagai simbol mengikuti perkembangan teknologi, meskipun secara praktis tidak ada perbedaan signifikan dengan model sebelumnya (Baudrillard, 2002: 116-117).

Berdasarkan argumen "bukan-benda" dan kegunaan palsu benda, peneliti menawarkan bukti perilaku belanja daring merupakan pembingkaian teknologi dalam belanja adalah jenis barang yang dibeli, alasannya jika banyak benda yang dibeli melalui belanja daring bukan barang kebutuhan utama melainkan barang kebutuhan kedua, seperti: tas, sepatu, dan barang perhiasan. Maka, sebagai kemungkinan, benda yang dibeli oleh pembeli belanja daring bukan merupakan benda yang langsung dibutuhkan, melainkan benda yang dibuat menjadi kebutuhan. Kata "pembingkaian" dalam konteks belanja daring adalah belanja benda yang awalnya merupakan pemenuhan kebutuhan diubah menjadi benda yang dibeli sebagai kebutuhan. Bukti wawancara yang menyatakan belanja daring merupakan bentuk pembingkaian belanja dalam dua hal:

Pertama, benda yang dibeli dalam belanja daring bukan benda yang dibutuhkan tetapi benda yang dibuat untuk dibeli, yaitu benda yang dibeli biasanya adalah barang diskon dan promo, peneliti mengartikan "barang diskon dan promo" merupakan strategi bisnis perusahaan untuk menghasilkan apa yang bisa dibuat, "apa yang bisa dibuat" dalam konteks ini ditafsirkan bukan suatu barang baru melainkan cara pemasaran untuk menarik pembeli. Teknik pemasaran menggunakan potongan harga dan promo barang bukan cara baru dalam pemasaran barang, tetapi penggunaan sistem teknologi internet dalam pemasaran barang, membuat benda yang hadir secara fisik digantikan gambar yang hadir di layar *handphone* untuk mewakili barang yang ditunjuk. Hal ini kemudian menjadikan barang yang dijual melalui internet "bukan-benda," artinya pembeli kurang memiliki kedekatan dengan barang yang akan dibeli, karena barang bisa didapatkan dengan sangat mudah dan cepat, bahkan karena cepatnya perubahan barang yang ditawarkan melalui cara pemasaran promo dan diskon barang, bisa jadi, benda dibeli bukan karena benda dibutuhkan pemiliknya melainkan hanya sebagai bagian dari serangkaian arus dari iklan yang ditawarkan oleh situs daring berkaitan konnsumsi. Hal ini sesuai penuturan salah satu informan, Ibu Mufadillah yang mengatakan belanja daring lebih efisien, seperti penuturannya sebagai berikut:

"*Saya lebih menyukai belanja online karena efisien tidak perlu membuang waktu untuk perjalanan dan ongkos. Berbeda dengan belanja offline di toko dan di mall. Harus ada waktu luang dulu untuk memilih baju, belanja online efektif efisien sesuai dengan status saya sebagai karyawan swasta dan ibu rumah tangga yang tidak memiliki banyak waktu untuk belanja diluar rumah.*"

"*Apa barang yang anda beli dari belanja online memang anda butuhkan sepenuhnya? Tidak, hal itu sendirinya karena keinginan bukan kebutuhan, sehingga banyak barang yang sebenarnya tidak saya butuhkan malah membelinya.*"

Berdasar salah satu testimoni di atas, belanja daring memang memberikan kemudahan untuk berbelanja sebab lebih mudah diakses tanpa membuang waktu untuk perjalanan dan proses memilih benda secara fisik di pasar dan di mall, tetapi terdapat sesuatu yang menggelisahkan juga, yaitu benda yang dibeli bisa jadi bukan benda yang dibutuhkan, melainkan sekadar benda yang dibuat untuk menarik perhatian pembeli, seperti lanjutan pembicaraan dengan Ibu Mufadillah:

"*Apakah ketika anda melihat-lihat situs toko online anda akan spontan membeli barang yang anda rasa itu membuat anda ingin memilikinya? Iya.*"

"*Kalau iya, apa yang membuat anda spontan membeli barang secara online? Karena banyak berbagai macam pilihan dan gambar yang menggugah selera berbelanja.*"

Hal yang sama juga diungkapkan Ibu Nita Dwi lestari,

yang mengatakan:

"*Apakah ketika anda melihat-lihat situs toko online anda akan spontan membeli barang yang anda rasa itu membuat anda ingin memilikinya? Iya.*" "*Kalau iya, apa yang membuat anda spontan membeli barang secara online? Karena tergiur harga diskon dan terdapat promo buy two get one free serta barang yg bagus dan harga yg sesuai dg kantong dan kadang saya ingin terlihat lebih dari teman saya. Setiap nongkrong pasti bajunya berbeda. Tetapi kalau gak punya uang kadang liat isi dompet dulu sebelum belanja, dan hanya membeli barang yang di perlukan saja.*"

Berdasar testimoni Ibu nita tersebut yang mengatakan terdapat promo membeli satu dan mendapatkan gratis satu (*buy one get one free*) merupakan salah satu fakta teknik pemasaran belanja daring, yang berhubungan dengan perilaku gaya hidup moderen untuk *nongkrong* dan berganti-ganti pakaian yang bagus, paling tidak, membuat persaingan antar teman untuk menunjukkan gaya berpakaian, kemudian saling berkelindan dengan iklan-iklan belanja daring untuk menawarkan konsumsi benda secara sangat meluas.

Jika mempertimbangkan apa yang dikatakan dua informan di atas berkaitan iklan diskon dan promo beli satu dapat satu saling terkait dengan gaya hidup yang cenderung konsumtif, hal tersebut mirip dengan apa yang dikatakan Heidegger (2006: 64), bahwa pengungkapan secara "pemasangan" (*instalation*) atau pengorganisasian entitas, membawa semua kepada pandangan publik. Melalui alat organisasi seperti "film" dan "fotografi" membuat semua hal menjadi organisasi produksi dan apa yang bisa dibuat. Peneliti mempertimbangkan iklan sebagai "pemasangan" apa yang bisa dibuat (*machination*) yaitu alat mengorganisir kerumunan untuk bertindak konsumtif. Heidegger menyebut seni moderen yang banal dan digunakan untuk menghilangkan kedalaman suatu kerja seni (*work of art*) sebagai "*kitsch*" dan iklan termasuk di dalam *kitsch*. Sebab *kitsch* di dalam iklan memproduksi kekosongan tetapi di lain sisi mempunyai signifikansi sebagai pembawa karakter simbolis publik.

Kedua, tujuan barang yang dibeli pada belanja daring menunjukkan apakah benda yang dibeli merupakan *gizmo* atau bukan. Kata "*gizmo*" mengacu kepada kegunaan palsu dari sebuah benda, atau benda yang dibeli kehilangan aspek praktis yang dialihkan kepada gambaran mental, "gambaran mental" mengacu kepada arti di balik benda yang nyata terdapat objek impian. Misalnya, memiliki alat-alat moderen seperti alat komunikasi *handphone* terbaru menjadi simbol mengikuti perkembangan teknologi.

Berdasarkan wawancara dengan Saudari Ninik, mengindikasikan benda yang dibeli di situs belanja daring memiliki sifat *gizmo* di dalamnya, seperti yang dikatakan Saudari Ninik berikut ini:

> "*Apa anda sering mengikuti fashion dan trend yang up to date, bila ada barang baru yg keluar apakah anda akan membelinya, meskipun barang lama masih layak dipakai? Iya, karena kebanyakan barang yang dijual modelnya update dan kekinian sehingga timbulah rasa bangga dan tidak memalukan"; "Apakah Anda memiliki gaya konsumtif, maksudnya anda membeli barang secara berlebih, dan secara terencana. Misalnya, untuk selalu terlihat up to date? Iya termasuk konsumtif, karena saya suka koleksi tas dan gonta ganti tas. Terpengaruh lingkungan yang fashionable.*"

Peneliti mengakui perilaku konsumtif belanja daring tidak hanya berdasar perkembangan teknologi informasi, tapi juga pengaruh lingkungan sosial. Peneliti mengacu kepada testimoni Saudari Ninik, lingkungan kehidupan sehari-harinya dekat dengan orang-orang yang *fashionable* membuat dirinya juga terpengaruh gaya hidup tersebut. Hal ini bila dihubungkan dengan benda yang dikonsumsi sebagai *gizmo* adalah gaya hidup yang mengutamakan gaya berpakaian akan membeli benda dengan sifat *gizmo*, alasannya apa yang penting bagi seseorang yang membeli barang bukan dengan tujuan kegunaan praktis, misalnya bahan yang nyaman dipakai dan tahan lama, melainkan dengan tujuan mengumpulkan baju agar terlihat selalu *up to date* atau mengikuti perkembangan gaya berpakaian, sebenarnya yang dibeli bukan kegunaan praktis baju tersebut tetapi gambaran mental dari benda *gizmo* tersebut yaitu adalah kebanggan untuk selalu mengikuti perkembangan gaya berpakaian.

7.6.2. Bahaya di Balik Teknologi dalam Konteks Perilaku Belanja Daring

Teknologi sebagai pembingkaian memiliki bahaya, bahaya yang hadir melalui pembingkaian adalah sesuatu yang hadir ke hadapan manusia sudah bukan sesuatu sebagaiman adanya, sesuatu itu sendiri terlupakan arti adanya atau pelupaan Ada (*forgottennes of Being*), jika "Ada" berarti apa yang hadir ke hadapan manusia maka "pelupaan Ada" berarti lupa arti kehadiran sebagaimana adanya telah tergantikan oleh sesuatu yang dibingkai untuk mengatakan artinya. Pelupaan Ada memenjara (*entrapping*) ruang arti yang hadir (Heidegger, 1999b: 81), misalnya dalam konteks perilaku belanja daring, belanja yang biasanya suatu bentuk aktivitas memenuhi kebutuhan kemudian dibingkai sebagai bentuk konsumsi dalam "bukan-benda" dan objek impian dari sebuah benda. Peneliti melihat terdapat tiga urutan bahaya pelupaan Ada melalui pembingkaian teknologi dalam konteks belanja daring.

7.6.2.1. *Machination* dan Pengalaman Hidup (*Lived Experience*)

Pembingkaian memberikan arah kepada dominasi membuat dan apa yang bisa dibuat atau Heidegger menyebut sebagai *machination*. Jika dilihat berdasarkan arti kamus *Cambridge*, kata "*machination*" berarti rencana rumit dan tersembunyi untuk mendapatkan kekuatan atau kontrol (*complicated and secret plans to get power or control*). Heidegger memberi nama "*machination*" bagi jalan memahami Ada (*way of Being*) untuk merencanakan (*plotting*) dan membuat (*making*). Keterlibatan manusia terhadap sesuatu yang nyata berdasarkan *machination* adalah sesuatu dapat dibuat. Langkah yang menentukan kehadiran *machination* adalah pembentukan apa yang hadir paling dekat bagi seseorang, menjadi apa yang sama bagi setiap manusia dalam setiap situasi (Heidegger. 1999b: 92).

Dominasi *Machination* menekan manusia untuk merasakan pengalaman hidup (*lived-experience*). Pengalaman hidup artinya setiap kejadian yang baru harus dialami, sesuatu yang dangkal (*banal*) tetapi itu merupakan inti paling penting dari *machination.* Heidegger melihat apa yang menjadi kedangkalan dari *machination* dan dunia teknologi secara umum adalah setiap manusia menjadi penonton dari apa yang baru diproduksi, sehingga dipaksa merasa tidak beradab (*civilized*) jika belum mencoba pengalaman hidup baru yang ditawarkan *machination.* Heidegger mencontohkan, sebuah teater pertunjukan olahraga tinju merupakan pengalaman hidup baru untuk merasakan keseruan pertandingan tinju bagi para penonton, tetapi bukan untuk petinju itu sendiri sebab arti tinju tidak dimiliki para penonton yang membicarakan tinju, tinju hanya memiliki arti bagi petinju itu sendiri dan memiliki arti tersendiri baginya (Heidegger, 1994: 123).

Machination sebagai aktivitas manusia untuk membuat dan merencanakan berhubungan dengan pengalaman hidup, dalam konteks perilaku belanja daring adalah belanja bukan lagi sebagai aktivitas memenuhi kebutuhan melainkan belanja itu sendiri dibuat menjadi kebutuhan, sebab belanja secara teknologi dapat diartikan sebagai alat konsumsi jika mempertimbangkan benda yang dibeli di belanja daring bukanlah benda kebutuhan untuk digunakan, melainkan lebih mengacu kepada objek impian dari sebuah benda, "objek impian" sebuah benda mengacu kepada simbol yang diberikan sebuah benda untuk menunjukkan kebanggaan bagi pemiliknya.

Jika melihat argumen di atas, dapat dikatakan apa yang membingkai belanja daring adalah tindakan konsumsi, artinya belanja bukan lagi suatu bentuk aktivitas memenuhi kebutuhan melainkan suatu pembentukan belanja sebagai aktivitas menghabiskan keinginan mengkonsumsi itu sendiri. Maka Bukti dari perilaku belanja daring adalah suatu bentuk pembingkaian belanja adalah perilaku berbelanja dalam belanja daring yang dilakukannya. Ibu Wempy Widya Tristiyanti mengatakan:

> "*Bagi saya belanja online adalah belanja yang sangat mudah dan menyenangkan serta lebih praktis di era moderen ini, khususnya bagi saya yang pekerja kantoran. Tetapi ada juga negatifnya, apabila terdapat kesalahan dalam belanja"; "Apakah anda dapat mengontrol pengeluaran anda dalam berbelanja online? Jika tidak apa yang anda lakukan untuk menutup defisit pengeluaran? Tidak bisa, caranya dengan tidak membuka instagram dan sosmed yg banyak online shopnya, karena saya gak bisa menahan hasrat untuk tidak membelinya. Itu yang membuat pengeluaran bertambah karena hal yang gak begitu penting.*"

Peneliti menafsirkan sebagai hidup di lingkungan kehidupan kantor yang tidak punya banyak waktu untuk berbelanja, menjadikan belanja daring sebagai pengalaman kehidupan yang tidak bisa dilewatkan, seperti perkataan Ibu Wempy: "belanja daring adalah belanja yg sangat mudah dan menyenangkan serta lebih praktis di era moderen ini" hal ini menunjukkan pengalaman hidup yang dialami pekerja kantor berhadapan dengan belanja daring, membawa kepraktisan belanja di tengah minimnya waktu untuk berbelanja. Tetapi, belanja daring juga membawa akibat, seperti yang dikatakan Ibu Wempi "saya *gak* bisa menahan hasrat untuk tidak membelinya. Itu yang membuat pengeluaran bertambah karena hal yang *gak* begitu penting." Artinya belanja daring tidak hanya membawa kepraktisan dalam belanja, tetapi juga menjadi semacam alat yang menghasilkan hasrat belanja, sebab bisa jadi setiap kali seseorang melihat situs belanja daring, terdapat promo baru, dan bisa jadi juga, apa yang menjadi hasrat belanja tersebut bukan barang yang dibutuhkan, melainkan barang promo sehingga membuat seseorang mencari alasan bahwa itu adalah barang yang dibutuhkan.

Terdapat testimoni yang mirip dengan penuturan Ibu Wempi di atas, dari Ibu Rosalia yang mengatakan:

> *"Jika tidak (terlalu membutuhkan), apa alasan anda membelinya? Setiap saya belanja selalu barang yang tidak dibutuhkan yang pertama saya beli karena tergiur harga dan lebih mementingkan mode yg hits." "Apakah ketika anda melihat-lihat situs toko online anda akan spontan membeli barang yang anda rasa itu membuat anda ingin memilikinya? Iya" "Kalau iya, apa yang membuat anda spontan membeli barang secara online? Bisa iya dan tidak, di saat banyak uang saya bisa melihat instagram dan melihat-lihat beberapa olshop, kebanyakan saya langsung belanja, tidak terasa karena hanya memegang handphone dan memilih sehingga menghabiskan transaksi yang cukup banyak."*

Peneliti menafsirkan dari testimoni Ibu Rosalia, bahwa belanja daring membawa kenikmatan dalam berbelanja, sebab hanya dengan sebuah *handphone* seseorang dapat mencari barang yang dibutuhkannya. Tetapi di dalam belanja daring, terdapat sesuatu yang lebih menggugah hasrat belanja, seperti yang dikatakan Ibu Rosalia: "di saat banyak uang saya bisa melihat *instagram* dan melihat-lihat beberapa *olshop*, kebanyakan saya langsung belanja, tidak terasa karena hanya memegang *handphone* dan memilih sehingga menghabiskan transaksi yang cukup banyak." Berdasar kata "tidak terasa" memberikan indikasi bahwa belanja daring memiliki sifat manipulatif sehingga seseorang melupakan arti belanja untuk mencari barang yang dibutuhkan, arti belanja kemudian terbingkai untuk memenuhi hasrat untuk berbelanja, yang bisa jadi tidak ada habisnya, sehingga seseorang baru sadar setelah menghabiskan banyak uang untuk berbelanja.

Berdasar dua testimoni di atas, peneliti menafsirkan, paling tidak belanja daring merupakan pengalaman hidup yang biasanya dialami pekerja kantor, alasannya karena kesibukan bekerja di kantor membuat minimnya waktu untuk keluar rumah untuk berbelanja ke pasar, menjadikan belanja daring dari sebagai pilihan utama atau bahkan sesuatu yang mesti dialami untuk kemudahan berbelanja. Tetapi belanja daring juga punya kemungkinan, membawa pelupaan arti belanja sebagai pemenuhan kebutuhan, belanja kemudian dibingkai dalam *machination* sebagai pembentukan hasrat belanja, melalui promo-promo belanja dan potongan harga.

7.6.2.2. Menggerakkan keseluruhan (*Total Mobilization*)

Kata "menggerakkan keseluruhan" (*"total mobilization"*) digunakan pertama kali oleh Erns Junger untuk menggambarkan bahwa pada tahun 1933, keseluruhan para pekerja (*workers*) berpartisipasi dalam satu tujuan yaitu ruh (*gestalt*) para pekerja mencapai reformasi melalui komunis dan Nazi yang mewakili kepentingan sebenarnya dari para pekerja. Para pekerja sekaligus tentara diharapkan berpartisipasi dalam aturan teknologi untuk membuat dunia. Secara khusus "menggerakkan keseluruhan" mengacu kepada proses menggerakkan secara keseluruhan sumber daya melalui teknologi moderen untuk memproduksi material perang agar dapat memenangkan perang dunia I (Zimmerman, 1990: 55).

Ketika Jerman kalah perang dunia I, Junger mengatakan kekalahan perang disebabkan gagal menggerakkan secara keseluruhan kekuatan yang dimilikinya. Melalui ruh para pekerja, diharapkan menggerakkan keseluruhan proses produksi untuk lebih menghasilkan alat teknologi yang memiliki kekuatan lebih besar untuk mendominasi planet. Kata "ruh" (*"gestalt"*) para pekerja mengacu kepada bentuk kemanusiaan yang baru dan bukan bentuk kejiwaan individual semata. Kata "ruh" mengacu bukan dinginnya rasio yang menjadi akar peradaban kelas kaya (*borgeouis*), melainkan arti tertinggi kenyataan yang berasal dari sejarah bangsa Jerman, yang menyatukan perbedaan kelas yang terjadi pada masyarakat Jerman ketika pemerintahan Republik Weimar (Zimmerman, 1990: 57).

Zimmerman (1990: 62) melihat Junger tergantung kepada teknologi (*technology determinist*) dengan membentuk ruh para pekerja sebagai alat penggerak untuk menggerakkan seluruh kekuatan untuk membentuk teknologi industri, tetapi di lain sisi, gagal melihat perbudakan pekerja dan pengasingkan manusia dari kehidupan sekitarnya yang terjadi pada industri sebagai efek samping pertumbuhan teknologi yang semakin raksasa (*gigantic*).

Heidegger bersifat ambigu terhadap pemikiran Junger, di satu sisi Heidegger setuju bahwa perlunya membangkitkan kembali "ruh" bangsa Jerman tetapi Heidegger tidak setuju "ruh" ini diarahkan menjadi teknologi melalui menggerakkan keseluruhan (*total mobilization*) dalam metafisika produksi. Heidegger melihat bahaya, sesuatu yang tersembunyi dalam menggerakkan keseluruhan; segalanya diturunkan menjadi kesamaan sebagai bahan mentah yang digunakan sebagai cadangan sumber daya (*standing-reserve*) produksi industri. Secara mendasar Heidegger melihat apa arti "menggerakkan keseluruhan" adalah manusia direduksi secara keseluruhan dalam kesamaan sebagai pekerja dalam organisasi industri (Zimmerman, 1990: 78).

Kadokawa Haruki mengatakan menggerakkan keseluruhan (*total mobilization*) tidak lagi bergerak di area militer seperti saat Nazi Hitler berkuasa, tetapi prinsip "menggerakkan keseluruhan" yang awalnya menggerakkan segala sumber daya menuju militer, saat ini menjadi prinsip yang berada di industri media untuk mengarahkan massa menggunakan keseragaman untuk bergerak menuju konsumsi. Media menggerakkan secara keseluruhan lewat kata-kata, suara, dan gambar sehingga massa menuju satu kesatuan, yaitu menjadi kesatuan cadangan sumber daya konsumsi itu sendiri. Sedangkan, Mizuko Ito melihat menggerakkan keseluruhan iklan menuju konsumsi melalui media sosial yang merupakan sosialisasi konsumsi dalam kehidupan sehari-hari. Kata "menggerakkan" artinya berhubungan dengan tubuh dan kehendak untuk mendorong manusia menjadi satu dimensi untuk aktif mengkonsumsi (Steinberg, 2017: 247-249).

Menggerakkan secara total dalam belanja daring dapat kita lihat semakin banyaknya iklan belanja daring di media sosial seperti televisi dan internet. Berdasarkan arti "menggerakkan" dari Ito di atas, belanja daring membuat tubuh dan kehendak manusia tergerak untuk aktif mengkonsumsi. Hal ini sesuai dengan kesaksian yang disampaikan oleh informan kunci Saudari Riandiny sebagai berikut :

> "*kalau di mall kita butuh waktu untuk kesana. Sedangkan kalau belanja online lebih praktis dan lebih menghabiskan uang di ATM. Karena belanja online sangat mudah, praktis dan terkadang banyak promo & diskon untuk tiap pembelinya... kita terpengaruh akan diskon yang diberikan online shop sehingga ingin belanja terus menerus, karena barangnya bagus dan lucu.*"

Berdasarkan testimoni di atas, peneliti menafsirkan arah menggerakkan total dalam kasus belanja daring dimulai dari kecepatan akses kepada belanja, biasanya ketika seseorang akan belanja, perlu waktu untuk menuju pasar atau mall, saat ini "pasar" untuk melihat barang dagangan telah ada digenggaman. Tetapi peneliti menafsirkan, titik tekan menggerakkan keseluruhan dalam belanja daring tidak terletak pada kemudahan akses menuju barang, sebab masih mungkin, meskipun kecepatan akses kepada barang dagangan *virtual* meningkat, tidak menjamin seseorang akan larut ke dalam konsumsi berlebihan tanpa adanya dorongan dari luar dirinya. Peneliti menafsirkan, dorongan dari luar agar seseorang aktif berbelanja adalah iklan, secara praktis iklan di dalam belanja daring berbentuk promo & potongan harga (*discount*) atau lebih dikenal sebagai diskon. Seperti dikatakan informan kunci di atas "terkadang banyak promo & diskon untuk tiap pembelinya" dan "kita terpengaruh akan diskon yang diberikan toko *online shop* sehingga ingin belanja terus menerus." Dua kalimat di atas mengindikasikan, sebagai kemungkinan iklan dalam belanja daring bersifat menggerakkan hasrat seseorang untuk aktif mengkonsumsi meskipun tanpa disadari.

7.6.2.3. Cadangan sumber daya (*Standing-Reserve*)

Heidegger melihat pembentukan "cadangan sumber daya" merupakan akibat pembingkaian, yang mana segala sesuatu yang hadir ditantang untuk dibingkai. Pembingkaian (*enframing*) mengacu kepada jalan pengungkapan (*way of revealing*) apa yang nyata dengan cara diatur untuk digunakan sebagai cadangan sumber daya (*standing-reserve*). Pembingkaian sebagai hakikat teknologi tidak berhubungan langsung dengan teknologi seperti mesin teknologi, melainkan hakikat teknologi sebagai pembingkaian artinya jalan pengungkapan apa yang nyata melalui satu jalan pengungkapan untuk digunakan sebagai cadangan sumber daya. Kata "cadangan sumber daya" (*standing-reserve / Bestand*) artinya sesuatu yang lebih mendasar daripada sekedar menyimpan sumber daya, Heidegger menggunakan kata "cadangan sumber daya" mengacu kepada karakter segala hal yang diatur untuk melayani kepentingan manusia. Segala hal di atur berdasarkan kegunaan untuk melayani tujuan akhir merupakan pengejawantahan "cadangan sumber daya" (Heidegger, 1977: 17). Analogi "cadangan sumber daya" misalnya: gelas air minum sekali pakai yang terbuat dari kertas, gelas tersebut ketika selesai digunakan akan langsung diremas dan dibuang ke tempat sampah, jalan memahami "cadangan sumber daya" juga sama melihat segala hal sebagai alat digunakan dan jika kegunaannya telah habis maka langsung dibuang.

Apa yang menjadi bahaya dari pembingkaian adalah pelupaan Ada (*forgottenness of Being*). Pelupaan Ada adalah melupakan arti sesuatu yang hadir di hadapannya dan digantikan apa yang dibingkai ke hadapannya. Segala hal di mana pun dan kapan pun dibentuk dengan aturan pembingkaian. "Ada" sebagai ruang arti yang hadir sebagaimana adanya dari kehadiran sesuatu, berubah menjadi apa yang terbingkai untuk mewakili setiap kehadiran (Heidegger, 1977: 24). Berkaitan dengan konteks penelitian perilaku belanja daring, belanja sebagaimana adanya merupakan pemenuhan kebutuhan tertentu, yang mendesak manusia untuk dipenuhi, berubah ketika teknologi membingkai belanja menjadi belanja daring. Belanja bukan lagi suatu bentuk aktivitas memenuhi kebutuhan melainkan belanja sebagai kegiatan menghabiskan hasrat mengkonsumsi itu sendiri, sehingga manusia terperangkap dalam belanja itu sendiri.

Berdasarkan argumen bahwa belanja bukan lagi suatu bentuk aktivitas memenuhi kebutuhan melainkan suatu pembingkaian teknologi, belanja daring sebagai belanja "bukan-benda" dan "*gizmo*". Peneliti mencoba menunjukkan bahwa "perilaku belanja kompulsif" merupakan bentuk pengejawantahan cadangan sumber daya teknologi dalam kasus perilaku belanja daring kali ini. Perilaku belanja kompulsif didefinisikan sebagai suatu kondisi kronis, di mana seseorang melakukan aktivitas pembelian berulang. Seseorang yang belanja kompulsif tidak melihat apa yang akan dilakukannya dengan barang belanjaannya tetapi kegiatan mengonsumsi itu sendiri. Belanja berubah menjadi kebutuhan itu sendiri (Soedjatmiko, 2008, 38).

Perilaku belanja kompulsif mengejawantahkan pembentukan manusia sebagai cadangan sumber daya, alasannya adalah lewat bingkai belanja daring yang memberikan kemudahan berbelanja, manusia menjadi lupa arti belanja sebagai pemenuhan kebutuhan dan masuk lebih dalam kepada kesenangan berbelanja itu sendiri. Perilaku belanja kompulsif adalah perilaku belanja yang mengambil keputusan membeli bukan karena kebutuhan, melainkan karena pemuasan keinginan belanja. Perilaku belanja kompulsif dapat membuat seseorang terlalu berlebihan dalam membeli barang-barang konsumsi, karakter perilaku ini adalah melakukan pembelian barang secara berulang-ulang tanpa memikirkan akibat pembelian tersebut (Edward, 1993: 3). Peneliti menafsirkan, inilah pengejawantahan pembentukan manusia sebagai cadangan sumber daya teknologi dalam kasus belanja daring sebab manusia itu sendiri melupakan arti keberadaannya dan menjadi pelayan teknologi untuk selalu bertindak konsumtif sesuai apa yang ditawarkan teknologi.

Perilaku belanja kompulsif yang diakibatkan pembingkaian dalam belanja daring dapat dilihat dari wawancara dengan Ibu Ika Lestari sebagai berikut:

> "*Apakah anda dapat mengontrol pengeluaran anda dalam berbelanja online? Jika tidak apa yang anda lakukan untuk menutup defisit pengeluaran? Tidak bisa karena saya suka belanja dan tidak bisa dikontrol apabila melihat baju yang murah dan banyak diskonnya. Terkadang sampek hutang untuk menutup kekurangan bulan ini, karena bulan lalu belanjanya terlalu menghabiskan dana.*"

Peneliti menafsirkan berdasarkan testimoni Ibu Ika di atas, perilaku belanja daring memiliki kemungkinan membawa seseorang berperilaku belanja kompulsif. Perilaku belanja kompulsif sebagai perilaku belanja, yang mengambil keputusan membeli bukan karena kebutuhan, melainkan karena pemuasan keinginan belanja tercermin di dalam perkataan yang mengatakan beliau tidak bisa mengontrol keinginan belanjanya sebab harga yang murah dan banyaknya diskon, yang terkadang sampai membuat dirinya berutang.

Peneliti menafsirkan, penekanan hubungan perilaku belanja daring dan perilaku belanja kompulsif tidak bisa dilihat hanya permasalahan perbedaan latar belakang kejiwaan antara satu orang dan orang lain; melainkan, jika berbicara secara filsafat, ini ada hubungannya antara Ada (*Being*) dan Teknologi. Intinya, sebagai suatu kemungkinan, bila seseorang tidak kritis menyikapi apa yang tersembunyi di dalam alat teknologi, permasalahan teknologi hanya akan jatuh ke dalam permasalahan hubungan manusia dan teknologi, sedangankan peneliti melihat Heidegger (1977: 24) menekankan kaitan hubungan Ada dan teknologi, posisi manusia dalam teknologi hanya sebatas manusia yang menjalankan teknologi tetapi akibat teknologi tidak ekslusif kepada manusia.

BAB 8: REFLEKSI FILOSOFIS

8.1. Akar Permasalahan: Ilmu Pengetahuan dan Teknologi Membentuk Raksasa Pembingkaian

Refleksi filosofis akan berisi identifikasi akar permasalahan teknologi secara filosofis dan tawaran solusi praktis filsafat Martin Heidegger. Salah satu bagian utama refleksi filosofis adalah bahwa akar permasalahan filosofis ilmu pengetahuan dan teknologi membentuk raksasa (*gigantic*) pembingkaian. Ilmu pengetahuan memampukan manusia sebagai subjek dan sesuatu (seperti alam dan kehidupan) diobjektivikasi untuk dikalkulasi dan direncanakan melalui ilmu pengetahuan, sedangkan untuk mengungkap (*reveal*) sesuatu itu secara praktik menggunakan teknologi (Heidegger, 1999b: 98). Teknologi moderen tidak hanya berarti alat (*instrument*) untuk mengontrol semua yang ada. Teknologi moderen bersama dengan ilmu pengetahuan menjadi jalan pengungkapan (*way of revealing*) semua yang ada; tetapi mengungkap secara teknologi moderen bukan membawa maju (*bringing forth*) sesuatu di dalam dirinya dan tanpa menghabiskan, misalnya, kincir angin mengungkapkan kegunaan angin tanpa menghabiskan angin itu sendiri. Kontras dengan tanah yang dikeruk untuk dijadikan tambang batu bara (Heidegger, 1977: 14).

Heidegger mengatakan asal pembingkaian tidak diketahui (*unknown*), tetapi fisika moderen merupakan pembawa pembingkaian sekaligus jalan pembuka teknologi moderen. Fisika moderen melalui komite peneliti menantang maju (*challenge forth*) alam melalui aturan pembingkaian digunakan untuk cadangan sumber daya. Kata "menantang maju" artinya bukan menghadirkan entitas sebagaimana adanya tetapi menantang untuk dapat menaklukkan alam melalui pembentukan teori-teori mengenai alam sehingga manusia dapat menaklukkan alam sebagaii sumber daya.

Misalnya, peneliti alam melihat alam sebagai sesuatu yang harus ditaklukkan dan diatur dalam sistem informasi penyebaban (*causality*). Apa yang dilaporkan tentang alam adalah apa yang ditantang maju untuk dibuktikan dan digunakan sebagai cadangan sumber daya data penelitian (Heidegger, 1977: 22-23). Ilmu pengetahuan dan teknologi membentuk hubungan dalam aturan pembingkaian, agar segala hal dihitung agar dapat setara. Ilmu pengetahuan melalui pembingkaian menyamarkan kedekatan dengan apa yang hadir ke hadapan peneliti, sebab apa yang hadir tidak sekedar diungkapkan tetapi dihitung untuk mewakili, Heidegger melihat inilah sifat teknologi, yang mana setiap pertanyaan berhadapan dengan tantangan untuk dapat dihitung untuk mewakili (Heidegger, 1977: 135).

Heidegger melihat hubungan keduanya (ilmu pengetahuan dan teknologi) dengan ruang arti. Heidegger melihat teknologi tidak berjalan sendiri, melainkan teknologi secara hakikat (*essence*) identik dengan metafisika moderen. Metafisika moderen adalah teori pengetahuan atau epistemologi (*epistemology*); epistemologi menjadi metafisika moderen sebab memikirkan kehadiran entitas (*beings*) dalam garansi apa yang mewakili (*representation*). Istilah "epistemologi" artinya melihat untuk menyusun teori (*theoria*) dari apa yang Ada (*on*) sebagai objek dengan mempertimbangkan tanpa prasangka atau objektivitas (*objectivity*) dan apa yang membuat objektivitas menjadi mungkin. Kata "epistemologi" secara mendasar merupakan nama bagi metafisika yang mendasarkan kebenaran sebagai kepastian (*certainty*) dan hakikat (*ousia*) dari entitas melalui apa yang mewakili objektivitas dalam pencerapan (*perceptio*) dan pikiran (*cogitatio*) (Heidegger 1973: 88). Sehingga, dari mana asal arti sesuatu diabaikan dan arti sesuatu didasarkan pada validitas atau ukuran keharusan yang setiap orang dapat meyakini kesamaan nilainya (Heidegger, 1995a: 332).

Landasan metafisika ilmu pengetahuan adalah pemikiran Descartes dalam metafisika subjek. Descartes mencari dasar sesuatu yang tidak dapat diragukan (*indubitable*) melalui cara meragukan semua yang hadir, ketika semua kehadiran dapat diragukan, yang tidak dapat diragukan adalah keraguan murni tersebut (Heidegger, 2010a: 30). Keraguan secara prinsip merupakan suatu bentuk berpikir secara umum, dengan kata lain sesuatu yang hadir secara objektif adalah berpikir itu sendiri. Tetapi, setiap berpikir merupakan seorang pemikir (*thinker*) yang berpikir; berpikir itu sendiri berarti aku yang berpikir. Berdasarkan pemikiran ini Descartes meletakkan dasar pemikiran metafisika, bahwa apa yang hadir secara objektif dari aku adalah aku yang berpikir, dan aku sebagai makhluk berpikir menjadi pusat mewakili semua manusia (Heidegger, 2010a: 33).

Descartes melihat aku (*self*) sebagai kesadaran. Kesadaran dari aku menentukan adanya sesuatu; dengan kata lain Descartes memprioritaskan kesadaran daripada sesuatu sebagaimana adanya. Sejak pemikiran Descartes, terjadi perubahan arti "aku", "aku" bukan lagi menjadi diri aku sendiri (*self*) melainkan menjadi kesadaran subjek, yang artinya aku merupakan kesadaran yang mewakili adanya keseluruhan aku dalam manusia. Serentak dengan menempatkan aku sebagai kesadaran semua manusia, terjadi perubahan konsep aku sebagai diri menjadi aku sebagai subjek (*subject*). Kata "subjek" ("*subject*") tidak berhubungan dengan konsep diri yang terdapat dalam diri manusia, melainkan kata "*subjectum*" dari bahasa Yunani *hypokeimenon* yang berarti semua hal yang sudah ada sebelum kita (*everything that lying-before*), sebagai dasar, mengumpulkan semua menuju dirinya (Heidegger, 2010a: 34-35).

Apa yang utama dari pemikiran Descartes, dengan mencari kepastian, adalah menyatukan subjektivisme dan objektivisme dalam pertukaran timbal balik (*reciprocal*) tanpa sejarah yang mendasarinya. Kalimat "menyatukan subjektivisme dan objektivisme" artinya seseorang mencari apa yang paling hadir dari dirinya sekaligus membentuk apa yang hadir milik dirinya itu sama bagi semua orang. Kalimat "Aku sebagai subjek" merupakan dasar metafisika Descartes, konsep subjek tidak ada ikatan khusus dengan manusia, dan tidak ada hubungan dengan keakuan dari manusia. Subjek berarti manusia yang menjadi pusat dengan mempertimbangkan cara mengadanya untuk mewakili manusia secara keseluruhan dan bersifat objektif (Heidegger, 1977: 128).

Descartes membangun filsafat dipandu metode matematika untuk mencari pengetahuan secara pasti. Ide kepastian menentukan apakah sesuatu itu benar atau salah. Struktur kebenaran ditentukan oleh kepastian, dan kebenaran menentukan keapaan suatu entitas. Kebenaran sebagai kepastian (*certainty*) dapat digenggam menggunakan ide metode matematika secara umum. Penyelidikan arti entitas tidak dilakukan dengan menanyakan asal adanya sesuatu, melainkan kepastian yang diperoleh dari berpikir membuat sesuatu itu menjadi hadir. Descartes memprioritaskan aku sebagai kesadaran untuk menentukan hakikat keseluruhan entitas secara matematika, yaitu dalam kata "adalah" yang didapatkan melalui kesadaran. Heidegger melihat pencarian kepastian melalui kesadaran yang menentukan hakikat sesuatu, hanya membawa lebih jauh dari pertanyaan tentang apa arti adanya sesuatu itu (Heidegger, 2010a: 36).

Berdampingan dengan pembentukan hakikat manusia sebagai subjek, manusia menjadi pusat yang menentukan keseluruhan entitas, keseluruhan entitas dirangkum dan diberi nama gambaran dunia (*world picture*). Konsep "gambaran dunia" merupakan alih bahasa dari kata "*Wetbild* " yang berarti konsep dunia yang berasal dari filsafat kehidupan.

Gambaran dunia berasal dari dua kata, yaitu: "dunia" ("*world*") yang berarti nama bagi keapaan keseluruhan entitas. Dunia tidak terbatas bagi alam, sejarah juga termasuk dalam istilah dunia. Alam dan sejarah di dalam gambaran dunia merupakan sesuatu yang dapat dipertukarkan sebab dunia sendiri didasarkan kepada pemikiran (Heidegger, 1977: 129).

Kata "gambar" ("*picture*") dapat diartikan lukisan yang merupakan salinan (*copy*) sesuatu, tetapi "gambaran dunia" berarti lebih dari sekedar gambar, dunia sebagai keseluruhan Ada digenggam secara tetap (*fixedly*) sebagai suatu gambar dan dibentuk sebagai sistem. Ketika dunia menjadi gambar, serentak seseorang mewakili manusia untuk mengisi gambaran dunia tersebut sehingga seluruh manusia dapat dimasukkan dalam gambar tersebut. Filsafat gambaran dunia berbeda dengan filsafat abad pertengahan, pada abad pertengahan, tuhan merupakan penyebab tertinggi yang mengejawantahkan keseluruhan yang ada dan manusia tidak dalam posisi yang objektif untuk menentukan keapaan keseluruhan entitas. Sedangkan gambaran dunia yang dibentuk Descartes adalah perubahan posisi manusia sebagai pusat dari keseluruhan yang hadir. Manusia menjadi perwakilan (*representative*) dari sesuatu itu, sesuatu yang mana memiliki karakter objek. Kata "mewakili" dalam arti Descartes berasal dari kata "*representation*" yang digunakan dengan arti cukup berbeda dari asalnya, kata "mewakili" (*represent*) diartikan sebagai membawa sesuatu yang hadir secara objektif (*present at hand*) sebelum adanya diri seseorang dan seseorang dapat mewakili hal itu kepada dirinya sebagai sesuatu yang normatif (Heidegger, 1977: 129-131).

Filsafat gambaran dunia moderen berbeda dengan filsafat abad pertengahan dan filsafat kuno. Apa yang kontras dari filsafat gambaran dunia adalah manusia sebagai pembentuk arti keseluruhan entitas dan membuatnya aman sebagai fondasi bagi perkembangan kemanusiaan. Manusia membuat dirinya berdiri di jalan yang objektif dalam ruang (*domain*) terberi yang dapat diukur melalui penguasaan teknik. Ketika manusia menjadi subjek dan dunia diubah menjadi gambar, maka terjadi penaklukan atas dunia menjadi struktur gambar yang diproduksi manusia, teknik memberikan ukuran (*measure*) dan memandu untuk menentukan keapaan sesuatu. Ilmu pengetahuan berjalan dengan landasan metafisika subjek dan dunia digenggam sebagai gambar. Konsekuensi yang terjadi adalah kekuatan tidak terbatas (*unlimited power*) untuk mengkalkulasi, merencanakan, dan membentuk segala hal. Ilmu pengetahuan sebagai penelitian memutlakkan keberadaan diri di dunia tetapi tanpa diketahui (*unknown*) siapa yang terlibat dan apa yang dipertaruhkan (Heidegger, 1977: 134-135).

Ilmu pengetahuan moderen merupakan pengejawantahan filsafat gambaran dunia. Ilmu pengetahuan mencari penjelasan mengenai sesuatu melalui perencanaan dan mengamankan perencanaan dalam keketatan prosedur (*procedure*). Prosedur pertama kali dibangun melalui metodologi. Metodologi dan metode menjadi karakter penelitian yang diproyeksikan memberikan objektivitas di dalam situasi apapun yang kita temui. Prosedur merupakan sesuatu yang membingkai (*vorstellen*) dalam melihat perubahan dalam apapun yang dapat berubah. Cakrawala prosedur membentuk fakta harus menjadi sesuatu yang objektif, fakta menjadi konstan dalam prosedur, maka prosedur merupakan dasar objektivitas suatu objek (Heidegger, 1977: 120). ilmu pengetahuan sebagai penelitian berbeda dengan ilmu pengetahuan dari abad pertengahan dan masa Yunani. Pada masa Yunani, Aristoteles pertama kali memahami *empeiria* yaitu: observasi sesuatu itu sendiri, kualitas mereka dan perubahan kondisinya, konsekuensinya pengetahuan merupakan aturan yang sesuai dengan jalan sesuatu itu sendiri. Sedangkan penelitian moderen pada tempat pertama meletakkan hukum sebagai landasan. Kata "hukum" berarti kondisi yang mewakili secara mendasar, yang mana sudah dikontrol melalui kalkulasi. Ilmu pengetahuan menggunakan perencanaan dan kalkulasi untuk menarik fakta yang dapat diverifikasi untuk memperkuat atau menolak hukum tersebut (Heidegger, 1977: 121).

Apa yang menentukan dari ilmu pengetahuan berhubungan dengan karakter teknologi adalah metodologi dan prosedur. Metodologi merupakan prinsip-prinsip cara penelitian yang berhubungan ruang objek individual (*individual object-sphere*). Sistem ilmu pengetahuan terletak pada solidaritas metodologi dan prosedur yang merupakan jalan berperilaku (*attitude*) untuk mendapatkan objektivikasi apapun dan kapan pun itu. Apa yang luar biasa dari sistem ilmu pengetahuan bukan keketatan berhubungan dengan ruang objek dan isinya, melainkan penguasaan teknik penelitian yang sesuai dengan metodologi (Heidegger, 1977: 126).

Perkembangan teknologi identik dengan perkembangan metafisika moderen. Heidegger melihat pengejawantahan metafisika moderen di dalam epistemologi yang didirikan Descartes, yaitu melalui prinsip kebenaran sebagai "*fundamentum absolutum incossum veritatis*" atau peneliti tafsir sebagai fondasi kebenaran yang tidak tergoyahkan adalah kepastian. Apa yang menjadi kepastian adalah pencarian apa yang sudah ada sebelumnya (*hypokeimenon*), pencarian semacam ini yang membuat subjek aman dalam kepastian (Heidegger, 1977: 147). Ilmu pengetahuan moderen merupakan kelanjutan metafisika moderen, yaitu menangkap apa yang hadir dan melakukan penyelidikan berdasarkan teknik penelitian ilmiah sehingga yang ada dapat dihadirkan secara objektif. Teknologi bergerak dengan prinsip yang sama dengan ilmu pengetahuan moderen, yaitu melihat segala hal berdasar objektivitas. Teknologi moderen secara fundamental adalah jalan pengungkapan (*way of revealing*) entitas. Jalan mengungkap secara teknologi berangkat dari kesadaran manusia sebagai subjek mengasumsikan dominasi atas segalanya di luar dirinya. Teknologi mengobjektivasi yang ada dan mengontrolnya, setiap yang ada diarahkan menuju kegunaannya (Heidegger, 1977: 21-22).

Heidegger (1977: 13) melihat nama "teknologi" ("*technology*") berasal dari kata *Technicon*, yang memiliki kata dasar *technē*. Kata "*technē*" merupakan kata yang penting bagi orang-orang Yunani, nama tersebut memiliki dua arti, yaitu sebagai aktivitas dan kemampuan pengrajin (*craftsman*) dan juga seni pikiran (*the arts of the mind*) untuk mengungkapkan. Plato menghubungkan kata *technē* dengan kata *epistēmē*. Kedua kata tersebut merupakan nama bagi mengetahui secara umum, "mengetahui" berarti sudah memahami secara keseluruhan seperti berada di rumah bersama sesuatu yang familiar. Aristoteles dalam *Nicomachean Ethic* (buku ke-6, bab 3 & 4), melihat *technē* sebagai cara mengungkap. *Technē* mengungkap apapun yang hadir ke hadapan kita, apapun yang bisa dilihat sebagai sesuatu saat ini dan sesuatu yang lain, misalnya membangun rumah atau kapal merupakan bentuk *technē*.

Heidegger (1977: 14) membedakan jalan pengungkapan secara teknologi moderen sebagai "menantang mengungkap" ("*chalenging-revealing*"). Teknologi moderen "menantang mengungkap," maksudnya pengungkapan dalam teknologi moderen adalah menantang untuk mengatur (*setting-upon*) alam. Teknologi moderen menantang-mengungkap alam sebagai sumber daya, yang dibedakan dengan hubungan mengungkap alam sebelum teknologi moderen, misalnya kincir angin, kincir angin menggunakan energi angin, tetapi "menggunakan" artinya bukan menghabiskan melainkan memanfaatkan hembusan angin tanpa menghabiskan angin itu sendiri. Secara kontras, teknologi moderen melihat alam sebagai sumber daya untuk diatur dan disimpan, misalnya, bumi diungkap sebagai tambang batu bara dan tanah menjadi sumber daya mineral.

Heidegger (1977: 16-17) melihat tujuan pengaturan secara teknologi adalah "cadangan sumber daya"("*standing-reserve*").Kata "cadangan sumber daya" mengekspresikan sesuatu yang sangat mendasar untuk tunduk melayani, lebih dari sekadar sesuatu dibuat menjadi persediaan (*stock*) sumber daya. Kata "cadangan sumber daya" menunjuk apapun yang dapat diatur secara opresif untuk diambil manfaatnya. Misalnya, pembangkit listrik (*power plant*) yang dipasang di sungai Rhine merupakan suatu bentuk pengaturan atas aliran sungai. Di dalam konteks mengungkapkan, sungai diubah menjadi sumber daya untuk melayani sebagai penyedia listrik tenaga air.

Hakikat teknologi moderen adalah pembingkaian (*enframing*). Pembingkaian artinya keseluruhan entitas diletakkan ke dalam suatu kerangka (*framework*) yang digunakan sebagai cadangan sumber daya. Kata "pembingkaian" ("*enframing*") merupakan nama yang berasal akar produksi dan penghadiran, berakar dari "*poiesis*", yaitu menghadirkan apa yang ada menuju pengungkapan (*unconcealment*). Tetapi di dalam pembingkaian, pengungkapan tidak hanya mengungkapkan sebagaimana adanya, melainkan pengungkapan untuk mendominasi segala sesuatu. Pengungkapan teknologi moderen menggunakan jalan "pembingkaian" artinya apa yang tersembunyi (*conceal*) dari sesuatu sebagaimana adanya dibuka dengan cara diubah untuk diatur. Misalnya, jembatan kayu tua di sungai Rhine di Jerman mengungkap hubungan antara dua ujung sungai, ini adalah pengungkapan sebagaimana adanya, sedangkan contoh pembingkaian misalnya: tanah digali untuk diungkap kandungan batu bara di dalamnya, tetapi bentuk pengungkapan menggali tanah untuk mendapatkan batu bara serentak juga langkah mendominasi bumi untuk mendapatkan bahan mentah (Heidegger, 1977: 14-23).

Pada titik ini, alat teknologi moderen sebagai pembingkaian bertemu dengan ilmu pengetahuan sebagai kapasitas tekhnik (*technicity*). Ilmu pengetahuan moderen mempersiapkan jalan bagi pembingkaian. Di dalam ilmu pengetahuan moderen terkandung benih pembingkaian, yaitu ketika ilmu pengetahuan menjadi penelitian dengan perencanaan dan mengamankan hasil penelitian dengan keketatan prosedur. Penelitian kemudian menantang maju untuk mengatur alam, melihat alam sebagai sesuatu yang harus diatur untuk cadangan sumber daya sebagai sistem informasi (Heidegger, 1977: 118-119). Pada akhirnya, kekuatan yang meluas dari teknologi moderen dan ilmu dalam aturan pembingkaian membentuk "raksasa" ("*the gigantic*") saling menyesuaikan (*corresponding*) dengan masyarakat industri untuk menjadi dominan (Heidegger, 2005: 3).

Ilmu pengetahuan dan teknologi membentuk "raksasa" ("*the gigantic*"). Arti "raksasa" ini mengacu kepada dominasi kuantitas sebagai kualitas. Karakter dasar kualitas telah berubah dari *quale*, yaitu apa yang paling mendasar dari entitas menjadi apa yang paling dapat dihitung sebagai sesuatu yang objektif dalam kategori. Kalimat "kuantitas sebagai kualitas" artinya, apa yang paling dimiliki oleh sesuatu itu sendiri, tidak disadari sebagai inti yang menggerakkan (*essential sway*) sesuatu itu sendiri; tetapi, sesuatu itu sendiri utamanya dihitung sebagai apa yang paling umum untuk mewakili. Kuantitas muncul sebagai kategori hanya karena kategori secara mendasar memperhitungkan (*reckon*) apa yang paling mewakili dan menggenggam kesamaan bagi setiap orang (Heidegger, 1999b: 94-95).

Hakikat kuantitas berakar dari kapasitasnya untuk mewakili (*re-presentation*) dengan cara menghitung apa yang paling hadir dari sesuatu sebagaimana adanya dan objektif. Permulaan kuantitas muncul ketika manusia mencari inti keseluruhan entitas sebagai apa yang selalu hadir secara konstan (Heidegger, 1999b: 94-95). Saat ini, "raksasa" bukan lagi sekadar kuantitas berdasarkan perhitungan (*calculation*) dan paham subjek yang mewakili keseluruhan entitas. Bentuk raksasa ilmu pengetahuan dan teknologi saat ini terletak pada paham raksasa publik (*the gigantism of the publictness*), kata "raksasa publik" artinya merangkum keseluruhan sebagai kesamaan semua orang dan menyembunyikan gairah (*passion*) untuk mengumpulkan apa yang esensial bagi diri sendiri (Heidegger, 1999b: 310-311).

Di dalam raksasa ilmu pengetahuan dan teknologi, segala hal dibingkai untuk mengatakan kesamaan suatu hal. Terjadi pengabaian Ada, kata "pengabaian Ada" maksudnya apa yang hadir ke hadapan seseorang diabaikan, apa yang pantas ditanyakan (*question-worthiness*) mengenai entitas jadi menghilang (Heidegger, 1999b: 311), digantikan apa yang bisa dibuat (*makeability*) melalui *machination* (Heidegger, 1999b: 88). Kata "*Machination*" berarti dominasi membuat dan apa yang bisa dibuat. *Machination* dalam kehidupan manusia, merupakan tipe aktivitas untuk merencanakan (Heidegger, 1999b: 88).

Machination sebagai dominasi apa yang bisa dibuat dari dirinya sendiri, pertama kali muncul sebagai ajaran kehadiran konstan dari ide oleh Plato, kemudian dilanjutkan menekan maju dalam ajaran *ens creatum* dari yudas kristiani, yang mana ide tuhan sebagai pencipta (*creator*) yang penting dalam konsep sebab-akibat, yaitu tuhan yang mendominasi semuanya. *Machination* kemudian berjalan menuju pemikiran moderen dalam jalan berpikir secara mekanistik dan biologi. Terakhir, dalam abad ini (*present age*), *machination* kembali muncul dalam pengalaman hidup (*lived experienced*) (Heidegger, 1999b: 88-89).

Pengalaman hidup dan *machination* mengejawantahkan sebagai apa yang bisa dibuat dan dialami, keseluruhan entitas yang hadir sebagaimana adanya dibuat ulang dan diorganisir untuk mengisi dunia publik dari orang banyak (*masses*). Dasar *machination* sebagai produksi yang dimasukkan ke dalam pengalaman hidup orang-orang adalah karakter "pemasangan" (*installation*), karakter pemasangan oleh *machination* artinya *machination* membuat seseorang mengabaikan kehadiran sesuatu sebagaimana adanya, membuat seseorang tidak lagi mencari "di belakang" sesuatu, bahkan tidak lagi merasakan "kekosongan." Tetapi apa yang dipasang kepadanya sebagai kebutuhan, untuk mencari dan menemukan kebaruan apa yang bisa dia alami dalam kehidupannya, yang mana hal ini dibentuk oleh orang banyak (*masses*). Misalnya, di dalam seni (*art*), seni bukan lagi apa yang hadir paling mendasar bagi seniman yang mengikat seniman dan kerja seninya, seni dalam karakter pemasangan adalah produksi seni (*productions of art*) di dalam industri seni. Produksi seni terletak pada perencanaan mengenai apa kebaruan yang dapat dibuat dan diterima orang banyak. Mereka menarik apa yang sudah ada dalam kehidupan sehari-hari, lalu diorganisir ulang dan dibuat lebih menarik, misalnya organisasi dan pembentukan apa yang bisa dibuat dalam "gambar bergerak" (*"motion picture*), gaya berpakaian (*fashion*) dan sikap tubuh (*gesture*) dalam sebuah peragaan busana, sehingga orang-orang dapat mengalami apa yang baru dari seni peragaan busana. Film juga contoh yang tepat bagi pengejawantahan *machination* dan pengalaman hidup, di dalam film, kata-kata puitis, suara, dan gambar dirangkai ulang, diperindah, ditujukan untuk orang banyak. Film sebagai pengejawantahan produksi seni dalam era *machination* melakukan segala cara untuk mengorganisir kehidupan pribadi untuk dicocokkan sehingga dapat dialami oleh orang banyak (Heidegger, 2006: 23-26).

Akibat dari dominasi *machination* dalam banyak bidang kehidupan adalah era kurangnya pertanyaan (*epoch of total lack of questioning*). *Machination* secara konstan meminta perkembangan (*progression*) yang diukur rata-rata manusia, proses ini mengharuskan setiap hal dihitung, diatur, dan digunakan untuk dapat mewakili semua orang. Rata-rata untuk tiap orang yang normal menjadi dasar kebajikan (*virtue*) dalam dominasi *machination*, kecurigaan menjadi terpinggirkan dalam dominasi *machination*. Ruang untuk bertanya lebih dalam menjadi terasing, dibandingkan kapasitas untuk meyakinkan semua orang. Hasilnya *platform* untuk menanyakan dan mengatakan sesuatu yang menggelisahkan hati seseorang menjadi terpinggirkan, digantikan apa yang aman di dalam pandangan yang telah diterima secara umum (*public*), inilah pengabaian Ada (*abandonment of Being*) (Heidegger, 1999b: 86-87).

8.2. Tawaran Solusi Praktis Filsafat Martin Heidegger Melihat Teknologi

Argumen utama bagian ini adalah solusi praktis filsafat Martin Heidegger melihat teknologi berdasarkan permasalahan filosofis yang disebabkan teknologi, yaitu pengabaian Ada. Pengabaian Ada adalah dasar yang mana Nietzsche menyadari untuk pertama kali sebagai nihilisme (*nihilism*) (Heidegger, 1999b: 83). Pengabaian Ada artinya apa yang paling mendasar dalam pemahaman seseorang mengenai apa yang paling hadir ke hadapannya, harus menjadi apa yang paling biasa untuk dialami semua orang. Misalnya, hubungan sebab-akibat merupakan hubungan paling biasa dan paling cepat diterima semua orang, apa yang terdalam dirasakan oleh seseorang jatuh di dalam perhitungan manusia (*human calculation*) agar dapat menjelaskan, yaitu didorong untuk dapat mengklarifikasi sehingga terdengar masuk akal untuk semua orang (Heidegger, 1999b: 77).

Pengabaian Ada oleh teknologi berhubungan dengan hakikat teknologi. Kata "teknologi" (*technology*) berasal dari bahasa yunani, yaitu kata "*technikon*" yang berdasar kata "*techne*." Kata "*techne*" memiliki hubungan dengan membawa maju (*bringing forth*) sesuatu yang dipahami; kata ini dipertimbangkan memiliki kedekatan dengan kata *episteme*. Kedua kata ini berhubungan dengan mengetahui dalam arti yang luas. *Techne* mengacu kepada pemahaman dan memberikan pengungkapan (*revealing*) (Heidegger, 1977: 13).

Berdasar asal kata *techne* tersebut, Teknologi bukan sekadar alat yang digunakan manusia, teknologi merupakan jalan pengungkapan, jika mempertimbangkan hakikat teknologi sebagai jalan pengungkapan, maka akan terbuka hubungan teknologi dan kehadiran sesuatu, yaitu alam pengungkapan atau kebenaran (Heidegger, 1977: 12). Teknologi merupakan jalan pengungkapan kehadiran sesuatu, tetapi, jalan pengungkapan teknologi bukan mengungkap sebagaimana adanya, melainkan menantang untuk mengungkap dan mengatur (*set upon*). Misalnya, udara sebagai tambang nitrogen, bumi sebagai tambang batu bara, batu sebagai tambang uranium, yang mana hasil dari pertambangan tersebut digunakan untuk kepentingan menghancurkan atau kedamaian (Heidegger, 1977: 14-15).

Di sisi lain, Ilmu pengetahuan moderen mengabaikan apa yang paling hadir ke hadapan peneliti melalui hasrat membangun teori yang disebabkan karakter *machination* di dalam ilmu pengetahuan. Sesuatu yang hadir ke hadapan manusia ditantang maju untuk dibingkai dalam sebuah teori (*theory*). Kata "teori" ("*theory*") berasal dari kata bahasa Yunani, yaitu kata "*theorein*" yang berasal dari dua kata yaitu

"*Thea*" yang berarti aspek yang menunjukkan sesuatu dan "*Horao*" yang berarti melihat dengan seksama, kedua kata oleh Plato ini berhubungan dengan mengetahui aspek yang menampak yaitu *eidos*. Kata "*theorein*" kemudian berarti melihat sesuatu dengan penuh perhatian aspek yang menampak dari sesuatu untuk menjadi jelas dalam pandangan, yaitu ide (*eidos*) mengenai sesuatu. *Theoria* secara khusus merupakan bentuk tertinggi dari aktivitas berpikir. *Theoria* berhubungan dengan menghadirkan apa yang hadir ke hadapan manusia, dengan karakter kekuatan untuk menunjukkan (Heidegger, 1977: 163).

Kata teori yang dipikirkan orang Yunani merupakan kata unik yang berhubungan dengan kehidupan sehari-hari manusia, kata "*Thea*" juga berarti dewi yang membawa pengungkapan (*Aletheia*) dari sesuatu yang menampak, seperti pemikir Yunani awal seperti Parmenides (Heidegger, 1977: 64). Sedangkan teori moderen, berbeda dari jalan pengungkapan dari orang-orang Yunani, teori moderen mengacu kepada pengamatan (*observation*) apa yang nyata untuk dibingkai dalam kata-kata sebagai kekuatan untuk menjelaskan. Teori sebagai pengamatan memiliki karakter utama yang harus dimiliki untuk dapat dikatakan ilmiah, yaitu "tanpa minat" (*"disinterest"*) (Heidegger, 1977: 167).

Prasangka bebas dari titik pijak dalam prinsip "tanpa minat" untuk mencari objektivitas penelitian merupakan pengabaian Ada (Heidegger, 1977 : 167; 1999b: 63-63). Ilmu pengetahuan moderen membuat objektivitas sesuai dengan karakter apa yang nyata, tetapi, apa yang nyata dihadirkan sesuai bingkai teori yang telah diterima secara umum, sehingga apa yang paling hadir ke hadapan seorang peneliti harus diabaikan, untuk dapat sesuai dengan teori. Teori mengamankan objektivitas penelitian di setiap waktu, perbedaan ruang-waktu diabaikan untuk memenuhi validitas teori. Setiap fenomena baru yang muncul dalam area ilmu pengetahuan dimanipulasi untuk dicocokkan ke dalam keruntutan teori. Dengan kata lain, ilmu pengetahuan mengatur apa yang nyata untuk mencapai objektivitas (Heidegger, 1977: 167-169).

Heidegger (1999b: 84-85) mengatakan terdapat tiga pengejawantahan pengabaian Ada di dalam kehidupan manusia:

1. Perhitungan (*calculation*)

Perhitungan artinya dasar hukum keterlibatan, bukan hanya pertimbangan atau kepintaran dari sebuah tindakan yang terisolir, melainkan milik setiap tindakan manusia di dalam dunia teknologi. Perhitungan merupakan kekuatan utama teknologi, yang berdasarkan pada pengetahuan matematika; yang mana secara mendasar kurangnya latar belakang untuk memandu pembentukan prinsip, yang ada hanyalah pencarian kepastian melalui perencanaan. Apa yang ada secara keseluruhan berdasarkan perhitungan, membuat tidak ada lagi ruang bagi pertanyaan terus menerus, semua diarahkan kepada apa yang bisa dibuat (*machination*).

2. Percepatan (*acceleration*)

Percepatan adalah pertambahahan kecepatan teknis dalam perkembangan manusia. Banyak orang merasa kegembiraan yang luar biasa (*mania*) untuk menunggu apa yang akan mengejutkan mereka. Mereka selalu tidak sabar menunggu apa yang baru dan mengesankan diri mereka dengan cara berbeda. Mereka lupa apa yang "konstan" di dalam dirinya, digantikan apa yang bisa cepat dilupakan dan apa yang akan datang selanjutnya. Berdasarkan sudut pandang ini, seseorang mesti kehilangan dirinya sendiri untuk mengalami kebutaan apa yang hadir sementara. Percepatan ini adalah keabadian yang bertahan sebagai kesamaan dalam kekosongan.

3. Kemunculan Ukuran Luar Biasa Besar (*the outbreak of massiveness*)

Hal ini tidak sekadar berarti orang banyak, orang banyak diukur berdasarkan jumlah angka yang bisa dihitung berdasar kehadiran; tetapi, "ukuran luar biasa besar" mengacu kepada menghitung sebagai apa yang setara dan dapat diakses setiap orang. Sesuai dengan memperhitungkan dan percepatan, di mana pun bangunan ilmu pengetahuan moderen hadir, apapun tidak lagi ditanyakan, tetapi diabaikan untuk dibentuk menjadi teori atau mengikuti teori, yang mana setiap orang dapat mengakui atau menolak validitas teori tersebut, sehingga kejadian (*event*) pembentukan arti di dalam ruang dan waktu diabaikan.

Akar pengabaian Ada terdapat dalam jalan berpikir memperhitungkan (*calculative way of thinking*). Jalan berpikir memperhitungkan terletak pada fakta kapan pun seseorang merencanakan, meneliti, dan mengorganisasi selalu memperhitungkan kondisi yang terberi. Seorang peneliti mempertimbangkan perhitungan yang matang untuk melayani tujuan yaitu mendapatkan hasil tertentu. Perhitungan ini merupakan indikasi berpikir memperhitungkan menggunakan rencana penelitian dan hasil yang pasti. Perencanaan penelitian untuk mendapatkan kepastian hasil tetap termasuk jalan berpikir memperhitungkan, meskipun tidak melibatkan angka atau mesin dan komputer. Jalan berpikir memperhitungkan selalu berlomba memperhitungkan cara baru untuk mencapai perhitungan yang lebih menjanjikan, pada waktu yang sama, cara berpikir memperhitungkan juga mencari kesempatan ekonomi yang lebih tinggi (Heidegger, 1966: 46).

Jalan berpikir memperhitungkan merupakan akar dunia teknologi. Dunia sekarang dihadirkan sebagai objek oleh jalan berpikir memperhitungkan. Jalan berpikir teknis dan alat-alat teknologi mengatur keseluruhan bumi. Misalnya, alam menjadi stasiun bahan bakar raksasa, yang digunakan untuk industri. Dasar mendominasi bumi menggunakan jalan berpikir teknis terbangun pada abad ke tujuh belas dan hanya di Eropa; hal itu secara serentak asing pada abad dan sejarah sebelum itu. Saat ini, perkembangan teknologi telah sampai pada teknologi informasi dalam film dan televisi, lebih khusus laporan berita, membawa kemajuan lebih cepat dan lebih cepat lagi, setiap menit hadir berita baru. Inilah karakter dunia teknologi: percepatan apa yang bisa diketahui dan diakui secara publik, sehingga setiap orang bisa membaca apa pembicaraan yang sulit itu, tetapi tidak semua yang sudah membaca serentak memberi perhatian (*notice*) apa yang mereka baca, publik hanya membaca apa yang paling mudah dipahami dari berita dan komentator tetapi tidak ada hasrat mendalam untuk merasakan apa yang mereka baca (Heidegger, 1966: 50-52).

Pengabaian Ada membuat seseorang kehilangan akar (*autochthony*) asal dia dibentuk. Seseorang kehilangan akar artinya mereka kehilangan apa yang paling dekat dengannya di tanah airnya (*homeland*). Mereka "tidak punya rumah" sebab setiap jam di setiap hari terikat radio dan televisi untuk dapat merasa tidak biasa (*uncommon*), tetapi sebenarnya itu adalah alam imajinasi yang menawarkan dunia tanpa dunia. Kalimat "dunia tanpa dunia" artinya situasi yang mana semua bentuk tampilan yang hadir di dalam televisi, radio, dan majalah bergambar merupakan penguasaan teknik komunikasi untuk membawa seseorang untuk melupakan apa yang paling hadir ke hadapannya digantikan apa yang paling menarik perhatian dan selalu berubah (Heidegger, 1966: 48). Contohnya: seseorang membaca buku seorang pemikir dan sekaligus mengaitkan dengan permasalahan hidup orang tersebut memerlukan kedekatan dengan pemikir tersebut dan diri pembaca itu sendiri. Berbeda dengan menonton televisi, yang mana banyak hal-hal yang dangkal yang langsung dapat dipahami semua orang, dan acara televisi selalu berubah agar orang yang menonton tidak mengalami kebosanan, ini yang peneliti artikan "dunia tanpa dunia," artinya tidak ada kedekatan seseorang dengan dirinya dalam suatu situasi, yang ada hanyalah kedangkalan yang mana kurang lebih setiap orang dapat memahami hal tersebut.

Lebih jauh, pengabaian Ada membuat kehadiran era total kurangnya pertanyaan (*epoch of total lack of questioning*), sehingga, saat ini, apa yang hadir ke hadapan seorang pemikir hanya tersisa gemanya (*echo*). *Machination* membuat manusia mangalami pengalaman hidup yang ditawarkan *machination*; saling berkait *machination* dan pengalaman hidup membuat manusia merasa aman dalam sesuatu yang sudah dibuat dan sudah valid dimiliki orang lain. Era total kurangnya pertanyaan tidak mentoleransi pertanyaan baru yang hadir bagi seseorang dan menghancurkan semua bentuk kesendirian seorang pemikir. Maka, dalam era ini masalah kesendirian seorang pemikir dibentuk menjadi masalah kepribadian seorang pemikir, tanpa ditanyakan kembali apa artinya Ada (Heidegger, 1999b: 76-77).

Heidegger menawarkan dua solusi praktis dalam berhubungan dengan dunia teknologi: tawaran pertama, melihat kembali hubungan dengan alat teknologi, seseorang tetap dapat menggunakan alat teknologi dalam kehidupan sehari-hari dan mengakui penggunaan alat teknologi memang tidak terhindarkan. Tetapi, seseorang perlu juga membebaskan diri dari alat teknologi sebagai sesuatu yang tidak memengaruhi dasar inti seseorang. Seseorang perlu melepaskan dari ketergantungan alat teknologi, artinya keterlibatan terhadap teknologi bukan lagi suatu kebutuhan yang mutlak. Heidegger memberi nama keterlibatan semacam ini dengan teknologi sebagai "pelepasan terhadap segala sesuatu" (*releasement toward things/Die Gelassenheit zu den Dingen*). Pentingnya melepaskan diri dari ketergantungan teknologi adalah seseorang tidak lagi melihat alat teknologi sebagai barang teknis, melainkan seseorang perlu melihat visi teknologi secara utuh, bahwa alat-alat teknologi meminta hubungan yang lain terhadap segala sesuatu, yaitu hubungan pembingkaian untuk digunakan sebagai cadangan sumber daya, misalnya, pertanian tradisional kemudian diubah menjadi industri makanan berdasar mesin (Heidegger, 1966: 54).

Alat-alat teknologi memiliki arti, tetapi, signifikansi alat-alat teknologi yang menambah dominasi teknologi itu menyembunyikan arti keberadaannya. Tapi jika terus-menerus melihat dan mencari arti teknologi dari alat-alat teknologi di sekitar, seseorang akan dapat merasakan arti tersembunyi dari alat-alat teknologi itu. Manusia berada di ujung alam yang menyembunyikan dirinya dari penglihatan tetapi juga mendekati secara sembunyi-sembunyi, itulah alam teknologi. Oleh karena itu, seseorang perlu selalu terbuka terhadap apa yang tersembunyi dalam alat-alat teknologi. Keterbukaan terhadap arti tersembunyi alat-alat teknologi ini disebut "keterbukaan terhadap misteri" (*opennes to the mystery*) (Heidegger, 1966: 55).

"Pelepasan kepada sesuatu" dan "keterbukaan terhadap misteri" saling berkaitan, keduanya memberikan kemungkinan kepada seseorang untuk tinggal di dunia teknologi. Alat–alat teknologi memang memberikan kemudahan kepada manusia, tetapi terdapat misteri dalam adanya teknologi, kehilangan akar (*autochthony*) dapat terjadi jika seseorang tidak bersifat kritis dengan adanya teknologi. Terakhir, "Pelepasan kepada sesuatu" dan "keterbukaan terhadap misteri" tidak akan terjadi tiba-tiba dalam diri mereka sendiri, seseorang perlu membangkitkan di dalam jiwanya hanya melalui usaha terus-menerus dan keberanian berpikir (Heidegger, 1966, 55-56).

Tawaran kedua, membalik dari berpikir memperhitungkan (*calculative thinking*) menuju berpikir merenung (*meditative thinking*). Berpikir merenung adalah merenungkan arti mengenai sesuatu yang hadir ke hadapannya dan merasakan arti sesuatu itu sebagai keseluruhan. Seseorang mungkin protes: berpikir merenung hanya terbang ke awang-awang tanpa melihat kehidupan sehari-hari sekitar. Itu kehilangan sentuhan, itu tidak ada urusan dengan urusan praktis dan pemahaman rata-rata. Itu benar sebagian, berpikir merenung tidak mesti dapat menghasilkan kepastian jawaban, apalagi dapat langsung dipahami semua orang, artinya seseorang tidak akan mendapatkan nama dan jabatan dengan membangkitkan perenungan di dalam dirinya. Tetapi, manusia adalah makhluk berpikir, yang berpikir pada tingkat merenung, untuk dapat mendekatkan apa yang hadir di dalam dirinya dan tidak lagi terasing dari dirinya, seseorang perlu merenung melihat apa yang hadir tinggal di sekitarnya, mengutamakan apa yang kita "tinggal" (*dwell*) itulah apa yang paling dekat bagi seseorang, apa yang menjadi perhatian, masing-masing dari manusia, itulah "rumah" (*home*) (Heidegger, 1966: 46-47).

Jalan berpikir merenung adalah memikirkan untuk memberi arti apa yang dekat dengan diri kita, tanpa mewakilinya dalam satu ide maupun membuat skematisasi ide-ide untuk dapat diterima semua orang. Berpikir merenung mengikat diri kita sendiri kepada pemikiran kita mengenai apa yang terdalam dari apa yang kita lihat pertama kali dan secara serentak merasakan untuk dibawa kepada suatu keseluruhan (Heidegger, 1966: 53).

5.3. Peran Filsafat Di Dunia Teknologi

Heidegger melihat filsafat mengalami akhir di abad saat ini (*present age*). Filsafat berakhir artinya: filsafat sebagai metafisika telah sampai pada akhir tertinggi (*consummation*). Metafisika adalah pemikiran mengenai apa yang hadir sebagai keseluruhan dalam satu model. Metafisika adalah berpikir perwakilan (*representational thinking*), apa yang hadir sebagai keseluruhan digenggam dalam satu prinsip (*arche*) di dalam kata "adalah" ("*is*"). Metafisika mencari dasar adanya sesuatu, kehadiran sesuatu yang membuat kehadiran sesuatu lain menjadi sungguh-sungguh hadir. Kehadiran secara metafisika merupakan kehadiran entitas "ideal", yang membuat kehadiran entitas lain menjadi mungkin, dengan kata lain, pencarian secara metafisika adalah pencarian entitas pertama yang memungkinkan kehadiran entitas lainnya (Heidegger, 1972: 56).

Keseluruhan pemikiran Barat dari Plato hingga Nietzsche merupakan pemikiran metafisika, pemikiran metafisika merupakan berpikir perwakilan, berpikir perwakilan adalah berpikir penilaian, berpikir penilaian pada dasarnya adalah berpikir memperhitungkan (Heidegger, 1982: 170). Jalan berpikirnya sebagai berikut: ketika Plato membentuk semua apa yang hadir ke hadapan seseorang sebagai ide, dan memiliki karakter *koinon* atau sesuatu yang umum bagi banyak entitas individual. Karakter *koinon* ini didadapatkan dari *proteron tei phisei,* yang berarti sesuatu yang sudah ada sebelumnya dan dirinya sendiri terletak di atas entitas yang menampak. Di dalam sejarah metafisika, penafsiran ini menjadi standar filsafat, yaitu pencarian apa yang hadir dicari di dalam ide, seperti ide, dan yang ideal (Heidegger, 1982: 162-164).

Apa yang hadir adalah ide dan ide tertinggi adalah *agathon*, secara standar filsafat dan teologi "*agathon*" diartikan sebagai "*good*" atau kebaikan, yang mengacu kepada moral kristiani untuk berperilaku baik (*well behave*), bertindak secara patut berdasar hukum. Heidegger menafsirkan Plato dan orang-orang Yunani di zaman itu, tidak mengartikan *agathon* dalam etika tetapi metafisika, "*idea tou agathou*" berarti hakikat ide terletak pada *agathou*, yaitu kondisi kemungkinan yang membuat cocok (*suitable*) suatu kehadiran entitas, sehingga entitas sebagaimana adanya dapat hadir dari apa yang menyelubunginya. Ide bukan bukan buatan manusia, tetapi sesuatu yang sudah memancar dari surga, dianalogikan sebagai matahari yang memancarkan sinar, *agathon* kemudian menjadi karakter kondisi kemungkinan adanya kecocokan ide dari suatu entitas sehingga manusia dapat memahami sesuatu. Disini, langkah yang menentukan dari semua metafisika, melalui *a priori* sebagai karakter kehadiran dan di waktu yang sama juga sebagai kondisi kemungkinan kehadiran entitas (Heidegger,1982: 168-169).

Heidegger menafsirkan pembentukan apapun yang hadir sebagai ide dan *agathon* sebagai kondisi kemungkinan metafisika hadir, dengan karakter *a priori*, merupakan prototipe berpikir penilaian (*valuative thinking*). *A priori* kemudian menjadi dasar kebenaran hakikat sebagai kebenaran sebagai kepastian, sesuatu yang bertahan dalam setiap kehadiran (Heidegger, 1982: 170). Apa yang hadir sebagai ide, dengan karakter *a priori* kemudian berubah menjadi ide dari kapasitas mewakili seorang manusia. Kata "mewakili" artinya menghadirkan apa yang tidak berubah dari sebelumnya dan tidak berubah di waktu yang akan datang. Mewakili kemudian menjadi kondisi kemungkinan objektivitas subjek, kondisi kemungkinan untuk menghadirkan ketepatan mewakili ini Heidegger sebut "nilai" (Heidegger, 1982: 176).

Aristoteles dan Kant secara eksplisit memberi nama "kondisi kemungkinan" untuk memberi hakikat entitas sebagaimana adanya atau keapaan entitas sebagai "kategori" (*categories*), yang mana Plato menggunakan nama ide (*ideas*) (Heidegger, 1982: 175). Heidegger mengatakan berdasar Nietzsche bahwa nilai tertinggi adalah kategori. Kata "kategori" pada umumnya menunjuk kepada kelas dan klasifisikasi, kata "kategori" berasal dari kata "*kategorien*" yang berasal dari kata "*kata*" dan "*agoruein*" dari bahasa Yunani. Kata "*agoruein*" berarti mengumpulkan orang-orang untuk mengumumkan sesuatu. Sedangkan kata "*kata*" berarti melihat dari atas ke bawah. Kata "*katagorein*" berarti bahwa melihat sesuatu, mengolahnya dan mengungkapkannya. Hal ini dialamatkan untuk membuat kata-kata publik, di dalam sebuah persidangan untuk berhadapan dengan seseorang dan mengatakan dia bersalah. Kata "*kategorien*" kemudian berarti mengalamatkan sesuatu menuju sesuatu itu sendiri sehingga terbuka kepada publik. Kategori merupakan sebuah kata yang mengalamatkan beberapa entitas khusus dan mengumumkan bagaimana entitas tersebut terlihat. Aspek yang terlihat di dalam kata Yunani adalah *eidos*. Kategori mengalamatkan aspek entitas khusus untuk dapat dilihat orang banyak dalam nama yang paling tepat, inilah nilai yang paling tinggi dari keapaan entitas berhubungan dengan entitas yang mirip (Heidegger, 1982: 36-37).

Berdasarkan Kant, kategori mewakili pandangan moderen dari kondisi kemungkinan mewakili kehadiran entitas pada tingkat tertinggi. Prinsip dasar kategori adalah hakikat sesuatu bersemayam dalam apa yang paling mewakili entitas tersebut, tetapi mewakili tidak sekedar mewakili, melainkan mewakili sekaligus membuat orang yang mewakili aman dalam kepastian (*certitude*) diterima semua orang. Kemudian yang membentuk inti kebenaran sebagai ketepatan mewakili. Hal inilah inti akar metafisika subjek, bahwa subjek mencari apa yang paling mewakili dari objek yang hadir ke hadapannya, dia mencari dasar yang berasal dari dalam dirinya, tetapi ketika menghadirkan perwakilan menjadi mewakili semua orang (Heidegger, 1982: 175).

Heidegger mengatakan inti metafisika terletak di dalam nilai. Metafisika merupakan berpikir penilaian (*valuative thinking*) sebab berdasar *agathon*, apa yang hadir sebagai keseluruhan digenggam dalam satu nama, serentak mewakili apa yang hadir dalam satu nama entitas (*being*) yang cocok dengan tanpa menanyakan lagi kemungkinan ketidaktepatan. Kondisi kemungkinan meletakkan kepastian mewakili apa yang hadir tersebut merupakan dasar rasa aman menggenggam kehadiraan sesuatu. Heidegger melihat pemikiran Nietzsche untuk mengevaluasi semua nilai, bahwa paham mewakili sebagai kepastian itu tidak terletak dalam konteks kebenaran, melainkan nilai, yaitu: kondisi mempertahankan dan memperkuat kehendak berkuasa dan jalan mencari kondisi kemungkinan apa yang hadir sebagai keseluruhan, diletakkan oleh kehendak berkuasa itu sendiri. Artinya dasar argumen yang lebih penting untuk dibicarakan bukan bagaimana mendapatkan kepastian pengetahuan dapat diraih, tetapi apa maksud nilai kepastian dalam paham perwakilan (Heidegger, 1982: 175-176).

"Nilai" adalah apa yang dinilai dan diuji (*evaluated*) melalui pikiran. Meletakkan sesuatu bernilai artinya memperkirakan (*estimating*). Memperkirakan berarti menguji secara kasar di dalam pikiran, misalnya memperkirakan jarak. Apa yang paling penting dari memperkirakan adalah memperhitungkan. Kata "memperhitungkan" berarti meletakkan segala sesuatu dalam perhitungan dan meletakkan dalam suatu kondisi untuk membaca apa yang hadir sebagai keseluruhan. Apa yang penting dalam "memperhitungkan" adalah merencanakan dan memperhitungkan dalam murni berhitung. Karakter memperhitungkan merupakan karakter dasar memperkirakan, dan memperkirakan ini merupakan karakter dasar nilai (Heidegger, 1982: 176-177).

Metafisika menjadi berpikir penilaian ketika kondisi segala hal untuk diuji dan dinilai untuk mewakili semua entitas yang ada. Metafisika mencari dasar mutlak untuk mewakili semua entitas; ketika karakter dasar entitas dicari, maka hal ini meminta perhitungan dan perkiraan sebagai syarat untuk mendapatkan pengetahuan metafisika. Berdasar Nietzsche, karakter yang terungkap tindakan memperkirakan dan memperhitungkan adalah kehendak berkuasa (*will to power*), sebab dalam setiap menghendaki, di dalamnya terdapat memperkirakan (Heidegger, 1982: 177).

Kembali kepada argumen awal bahwa filsafat sebagai metafisika telah mencapai akhir tertinggi (*consummation*). Kata "akhir tertinggi" bukan tambahan dari bagian yang hilang atau mengisi bagian akhir yang diabaikan metafisika. Kata "akhir tertinggi" maksudnya perkembangan tidak terhindarkan dari kekuatan mendasar metafisika, kekuatan yang tersamarkan "meminta" muncul kepermukaan. Akhir tertinggi metafisika menyelesaikan pemasangan tertinggi metafisika untuk pertama kali, inilah kebaruannya. Metafisika kehendak berkuasa merupakan metafisika terakhir, yang mengakhiri metafisika-metafisika sebelumnya, sebab hakikat metafisika sebagai berpikir penilaian (*valuative thinking*) telah hadir dalam konfigurasi tertinggi melalui metafisika kehendak berkuasa (Heidegger, 1987: 7-8). Hubungan berpikir penilaian dan akhir metafisika melalui metafisika kehendak berkuasa adalah metafisika sebagai berpikir menilai apa yang hadir sebagai keseluruhan telah kehabisan kemungkinan esensialnya. Inti metafisika yang tersembunyi, pada akhirnya muncul kepermukaan, yaitu kehendak manusia untuk menggenggam takdirnya sebagai penguasa entitas (*beings*) melalui berpikir penilaian (Heidegger, 1982: 148). Peneliti menafsirkan kalimat "menggenggam takdir sebagai penguasa entitas" artinya manusia sebagai makhluk yang ditakdirkan untuk mengelola bumi dengan kemampuan berpikirnya, juga memiliki kehendak untuk menguasai keseluruhan entitas, pengejawantahan kehendak berkuasa manusia terletak pada kapasitas menilai segala sesuatu dan membentuk apa yang paling bernilai bagi dia untuk diakui sebagai tertinggi juga oleh orang lain, sehingga dia dapat diakui sebagai penguasa entitas melalui ahli dalam menilai dan sekaligus meletakkan nilainya sendiri sebagai nilai tertinggi bagi orang banyak.

Abad metafisika telah selesai dengan penyempurnaan fundamental posisi metafisika sebagai metafisika kehendak berkuasa. Metafisika kemudian berjalan menuju konfigurasi akhir yaitu pandangan dunia (*world view*) (Heidegger, 1982: 149). Konfigurasi akhir metafisika membuka kemungkinan paling ekstrim untuk membuat pandangan dunia, melalui banyak cara membuat dan membentuk kehadiran melalui variasi pandangan dunia (*Weltanschauungen*). Perkembangan ilmu di dalam lapangan kehidupan filsafat meningkatkan peran logika dan semantik, filsafat berubah menjadi ilmu empiris mengenai manusia dan "teknologi" membuat manusia untuk membebaskan nilainya sehingga manusia dan teknologi dapat mendirikan dunia berdasarkan mode membuat dan membentuk. Heidegger melihat Filsafat berada pada jalur ilmu, filsafat dengan dasar ilmu mendasarkan pada keilmiahan dan penemuan ilmiah, filsafat saat ini dipandu secara ilmiah melalui apa yang disebut "*cybernetics*" (Heidegger, 1972: 57-58). *Cybernetics* adalah pendekatan multi disiplin untuk menjelajahi dan untuk menyusun sistem. *Cybernetics* berhubungan dengan pembentukan sistem dan terdiri dari banyak bidang, termasuk di antaranya: lingkungan, teknologi, biologi, kognitif, dan sistem sosial (Heylighen & Joslin, 2001:2)

Filsafat di dalam karakter *cybernetics* sesuai dengan karakter manusia sebagai makhluk sosial. *Cybernetics* mengubah bahasa menjadi pertukaran berita, dan filsafat diubah menjadi ilmu tersendiri yang berkomunikasi di antara mereka sendiri. Filsafat kemudian menemukan tempatnya dalam perilaku ilmiah (*scientific attitude*) dari manusia yang aktif secara sosial untuk mengatur totalitas entitas dan menempatkan posisi manusia. Karakter manusia yang aktif secara sosial mengarahkan filsafat menuju teori; "teori" ("*theory*") berarti: penyusunan kategori untuk menggambarkan area investigasi, yang nanti digunakan sebagai hipotesis kerja para ilmuan. Filsafat dengan karakter *cybernetics* akan menafsirkan segala hal pada tingkat struktur yang sesuai dengan aturan ilmu. Akhir filsafat merupakan kemenangan (*triumph*) manipulasi pengaturan teknologi-ilmiah (*scientific-technological*) dan aturan sosial (*social order*) dari dunia moderen (Heidegger, 1972: 58-59).

Filsafat berakhir di abad saat ini, berada di dalam perilaku ilmiah, inilah *cybernetic*. Filsafat dengan karakter ilmu berusaha menafsirkan apapun dalam tingkat struktur berdasar aturan ilmu, aturan ilmu mendasarkan kebenarannya pada apa yang bisa diukur dengan akibat dari penerapannya dan membawa perkembangan penelitian. Kebenaran ilmiah setara dengan membebaskan keberadaan seorang peneliti, filsafat kemudian diarahkan kepada fungsi *cybernetic*, yaitu model dan operasi berpikir memperhitungkan (*calculative thinking*) tapi mengingkari arti dan dari mana arti adanya sesuatu (Heidegger, 1972: 58).

Heidegger melihat peran selanjutnya filsafat di dunia moderen adalah berpikir yang bukan membentuk metafisika tetapi juga bukan ilmu. Apa yang dimaksud dengan "berpikir"? Heidegger melihat telah lama hakikat manusia dibentuk sebagai makhluk berpikir (*animal rational*). Kata "berpikir" ("*reason*") dalam "makhluk berpikir" berarti kemampuan mencerap entitas, manusia memiliki hubungan dengan kebenaran, yaitu sebagai satu-satunya makhluk yang mampu mengamankan keberadaan di dunia, melalui kebenaran sebagai ketepatan mewakili sehingga posisi penguasa segala yang ada berada di tangan manusia (Heidegger, 1968: 61-62). Berpikir kemudian dibentuk menjadi logika. Logika adalah ilmu pengetahuan mengenai dasar struktur berpikir. Logika dibentuk dan diajarkan sebagai formula dan aturan berpikir. Aristoteles merupakan pendiri logika yang mana elemen utamanya selama lebih dari dua ribu tahun tidak berubah sampai hari ini (Heidegger, 2009: 5)

Heidegger (Heidegger, 1993b: 193-194) melihat karakter berpikir di filsafat adalah untuk diterima banyak orang atau bahkan semua orang, tetapi hal tersebut mengabaikan hakikat berpikir, jika hakikat "Ada dan berpikir adalah sama." Filsafat dihantui ketakutan kehilangan prestis bila dianggap tidak valid maka perlu memasukkan dirinya ke dalam tingkat (*rank*) ilmu pengetahuan (*science*). Tidak menjadi ilmu kemudian dianggap gagal, atau setara dengan tidak ilmiah. Ada sebagai kesatuan dengan berpikir mesti diabaikan untuk dapat digenggam dalam tekhnik berpikir yang disebut "logika" (*logic*). Logika bermula dari para Sophis dan Plato, berpikir dihakimi dengan standar yang mengukur ukuran pikiran menggunakan prosedur berpikir. Jika diibaratkan, semacam menguji seberapa lama ikan dapat bertahan hidup di tanah kering, dan memang berpikir telah terdampar begitu lama di tanah kering, dan ketika mengembalikan kebebasan berpikir malah disebut "tidak rasional" (*irrationalism*).

Kata "logika" ("*logic*") berasal dari kata *Logos* yang merupakan kata benda dari kata *legein*. Kata "*Logos*" memiliki arti *Legein ti kata tinos* atau mengatakan sesuatu sebagai sesuatu. Kata "*logos*" secara literal berarti pembicaraan (*speech*) yang terungkap melalui pernyataan, pembicaraan adalah karakter mendasar berpikir, yaitu memasukkan apa yang dirasakan ke dalam kata-kata sehingga tercipta kesesuaian antara sesuatu itu sendiri dan apa yang terungkap melalui pikiran sebagai gambaran mental. Aristoteles menyusun prinsip berpikir agar terjadi kesesuaian antara subjek yang dibicarakan dan apa yang dibicarakan, melalui prinsip tidak berkontradiksi, artinya sebuah di dalam sebuah pernyataan tidak boleh memiliki hubungan yang berlawanan (Heidegger, 1987: 112-113).

Heidegger (1972: 62) melihat peran filsafat di dunia moderen saat ini adalah berpikir untuk mengungkap kehadiran sesuatu. Kalimat "berpikir untuk mengungkap kehadiran sesuatu" artinya bukan menyusun metafisika dan sistem ilmu pengetahuan, melainkan untuk berpikir untuk mengungkapkan adanya sesuatu dari sesuatu yang menampak, atau secara sederhanya peran filsafat di dunia moderen adalah berpikir untuk memberi arti dari apa yang menampak dalam kehidupan sehari-hari. Apa yang menampak dalam kehidupan-sehari terdapat dalam ekspresi "kembali kepada sesuatu itu sendiri" (*to the things themselves*), dengan kata lain peran filsafat di dunia moderen terletak di dalam penelitian fenomenologi. Peran filsafat untuk berpikir mencari arti dari apa yang menampak di sekitar diri seseorang.

Heidegger (1968: 168-171) melihat berpikir sebagai jalan pengungkapan kehadiran sesuatu melalui "kesendirian" ("*solitude*") seorang manusia bertemu dengan apa yang dipikirkan. Hanya melalui kesendirian, manusia dapat bertemu dengan apa yang paling dirasakannya. Heidegger melihat prinsip berpikir dari filsuf Parmenides, yang hidup pada abad ke 6 sebelum masehi. Parmenides pada fragmen 5, mengatakan: "*to gar auto noein estin te kai einai*" atau "tapi berpikir dan Ada adalah sama" ("*but thinking and Being are the same*"). Kata "*noein*" meskipun secara literal berarti berpikir tetapi lebih mengacu kepada berpikir secara spontan ketika mencerap entitas yang hadir ke hadapannya. Kata "mencerap" tidak sekadar menerima secara pasif dari apa yang ditawarkan indera tapi merasakan di dalam perasaan mengenai artinya dan mengejawantahkan dalam kata-kata. Peneliti menafsirkan kalimat "berpikir dan Ada adalah sama" mengacu kepada berpikir itu sendiri pada hakikatnya mencari nama bagi apa yang paling dirasakan perasaan, maka melalui kesendirian, seseorang paling dapat merasakan apa yang dia rasakan sekaligus mengejawantahkan apa yang dirasakan melalui berpikir untuk mencari nama agar dapat mengartikulasi apa yang dirasakan.

Berpikir sebagai tema seseorang berurusan dengan entitas lainnya merupakan proses alamiah yang terjadi pada manusia. Tetapi, apa yang membuat manusia berpikir? Heidegger bertanya "apa yang memanggil kita untuk berpikir?" ("*what calls on us to think*?") (Heidegger, 1968: 161), Heidegger (1977: 35) menjawab: "*questioning is the piety of thought*" atau bertanya adalah khidmat berpikir. Heidegger (1971: 72) menjawab arti kata "khidmat" ("*piety*") mengacu kepada kepatuhan untuk menyerahkan diri kepada apa yang dipikirkan. Berpikir berarti memasukkan semua perasaan untuk menemukan kata yang tepat bagi entitas. Menemukan kata yang tepat bagi entitas sama dengan memberi nama sesuatu, memanggil (*to call*) sesuatu dengan nama. Memberi nama merupakan memanggil sesuatu dengan kata-kata agar hadir ke dalam pikiran. Memberi nama sesuatu adalah bertemu dengan kata-kata, bagi Heidegger kata-kata bukan istilah yang menunjuk sesuatu, melainkan berpikir dekat dengan kata-kata sebagai "*poesy*". Kata "*poesy*" mengacu kepada kata Yunani "*poiesis*" yang berarti seni merangkai kata-kata untuk memproduksi kreasi kata puitis dalam seni Yunani secara keseluruhan; artinya, Heidegger melihat terdapat titik tertinggi antara berpikir dan menghasilkan kata-kata untuk membentuk dunia.

Heidegger (2001c: 172-173) melihat peran filsafat untuk mengungkap kehadiran mendapatkan bahan dari sesuatu di sekitarnya dan bukan bermula dari filsafat. Kata bahasa Jerman lama untuk sesuatu adalah "*dinc*," nama ini menghubungkan permasalahan apa yang mendapat perhatian (*matter of pertinence that concern them*). Kata ini berhubungan dengan kata Yunani "*eiro,*" yang berarti berbicara mengenai sesuatu. Kata tersebut kemudian dibawa orang Romawi menjadi "*res*" yang berarti sesuatu mendapatkan perhatian seseorang, kata ini digunakan pada permasalahan di bidang hukum. Kata "*res*" sangat dekat hubungannya dan hampir bersinonim dengan kata "*case*" yang berarti mengumpulkan secara khusus dengan suatu tujuan mengenai apa yang nampak di hadapannya. Peneliti menafsirkan berdasar akar kata "kasus" (*case*) inilah yang digunakan oleh peneliti dan mahasiswa ilmu sosial saat ini untuk menyebut "studi kasus" sebagai mayoritas permulaan penelitian kualitatif dan bagaimana melakukan klaim terbatas berdasar apa yang mereka pahami, dan biasanya keilmiahan studi kasus berdasar landasan teori yang secara tersirat telah diletakkan dalam pemikiran peneliti untuk melakukan skematisasi data.

Heidegger (2010d: 106-107) melihat kata ilmiah di filsafat memiliki arti yang lain. surat Heidegger kepada Karl Lowith membicarakan arti "ilmiah" di dalam penelitian filsafat. Heidegger bertanya "apa itu ilmiah" ("*what is scientific*"), Heidegger menjawab: ilmiah mengimplikasikan kepedulian diri (*self concern*), akar keilmiahan di filsafat terletak di dalam berfilsafat yang mana setiap orang telah memiliki kesadaran kesejarahannya itulah faktisitas (*facticity*). Secara khusus keilmiahan filsafat di Universitas terdapat dalam berfilsafat melalui pengejawantahan pemahaman diri berdasar latar belakangnya. Sejak kita juga bukan filsuf sebenarnya, paling tidak filsafat Universitas minimal ditunjukkan melalui jalan kehidupan seseorang dalam batas universitas. Oleh karena itu, "ilmiah" di filsafat bukan mengumpulkan stok kebenaran objektif, tetapi mengungkapkan pemahaman diri, sebab secara esensial apa yang objektif di filsafat merupakan milik aku sendiri melalui warisan kesejarahan aku, lingkungan aku, konteks kehidupan aku sebagai pengalaman vital yang membentuk aku.

8.4. Peran Filsafat Dalam Kehidupan Sehari-hari Berdasar Perspektif Filsafat Martin Heidegger

Peneliti menafsirkan inti yang Heidegger ingin katakan adalah mengembalikan hubungan filsafat dengan kehidupan sehari-hari yang terputus sejak Plato membagi dua dunia, yaitu dunia yang melampaui (*trancendental world*) dan dunia yang menampak (*apparent world*), hal ini terungkap pada kuliah semester darurat perang 1919, yaitu: *The Idea of Philosophy and the Problem of Worldview*. Heidegger (2008: 3) mengatakan ilmu secara mengakar sebenarnya berdasar diri peneliti sendiri, permasalahan yang paling tepat untuk ditanyakan merupakan berdasar kesadaran apa yang dipahami dalam kehidupan sehari-hari, pemasalahan konstruksi teori maupun metode akan selalu datang terlambat. Ide filsafat sebagai ilmu permulaan (*primordial science*) menggemakan kehadiran sesuatu di sekitar peneliti, ini tidak berhubungan dengan pengorganisasian perkuliahan filsafat atau yang disebut titik pijak filsafat. Ide filsafat sebagai ilmu permulaan berarti membangkitkan kembali kesadaran kehidupan sehari-hari dan itulah bentuk gerakan kehidupan spiritual.

Filsafat sebagai ilmu permulaan tidak membagi filsafat dan ilmu khusus, hanya melalui ide filsafat sebagai ilmu permulaan, kehidupan alamiah dapat dibawa ke tingkat akar. Seorang peneliti selalu telah berada di suatu konteks permasalahan keilmuan yang khusus baginya, itu adalah sesuatu yang lebih murni sebagai konteks motivasi dalam meneliti. Dalam titik ini filsafat dan ilmu saling berkelindan sebagai kebiasaan yang menunjukkan keberadaan (*existence*) peneliti. Setiap kehidupan pribadi seorang peneliti merupakan akar dunia kehidupan, yang memberikan nilai motivasi bagaimana peneliti meneliti dalam lingkungan dunianya (Heidegger, 2008: 3-4).

Setiap orang, termasuk peneliti, seniman, agamawan, politisi memiliki cakrawala kehidupan yang berbeda. Seorang peneliti tidak hidup dalam isolasi, sudah ada dunia sekitar (*environing world*) yang mendasarinya dan memberikan konteks penelitian baginya, dan dia tidak bebas nilai darinya. Konteks kehidupan merupakan akar asli ruh penelitian. Ruh penelitian dapat ditemukan di mana saja, termasuk dalam ilmu khusus (dari biologi hingga sosiologi), ruh penelitian yang asli mengembangkan kehidupan peneliti sampai tingkat terdalam dan dia hidup di dalam kerjanya, ini artinya seorang peneliti (*scientific man*) yang sebenarnya akan mengembangkan dan meninggikan konteks kehidupan yang dialaminya, bukan sebagai bentuk perwakilan teori, tapi sebagai perenungan kehidupan yang dimotivasi secara pribadi. Hanya lewat jalan ini, sesuatu hadir pada keaslian tertinggi, sebagai suatu jalan mengada bagi tiap peneliti yang mempertahankan apa yang asli miliknya sendiri (Heidegger, 2008: 4-5).

Heidegger kemudian mengulangi apa yang dikatakan pada semester darurat perang 1919 pada pidato pengukuhannya sebagai rektor Freiburg pada tahun 1933. Pidato ini berjudul: *The Self-Assertion of the German University*. Heidegger menggunakan kata "*Hohe Schule*" sebagai kata universitas untuk memberikan aura khusus permulaan akses "filsafat" secara umum bagi manusia, yang mana universitas merupakan tempat pendidikan untuk para calon pemimpin. Filsafat adalah akar segala ilmu, filsafat sendiri memikirkan keseluruhan apa (*totality of what is*). Filsafat merupakan permulaan ilmu dan juga akhir ilmu, jika berpikir setiap ilmu khusus berakhir dalam cabang filsafat. Berdasar Prometheus filsafat mencari pengetahuan, tetapi pengetahuan filsafat merupakan pengetahuan perenungan (*contemplative knowledge*), bagi orang Yunani, pengetahuan ini bukan semacam penyesuaian praktek kepada teori dan juga bukan barang budaya. Filsafat merupakan realisasi paling asli dari praktek keseharian seorang manusia, filsafat merupakan pusat paling menentukan yang mengikat seseorang kepada dirinya sendiri dan segala hal disekitarnya (Heidegger, 2003: 3-4).

Filsafat tidak terpisahkan dari kehidupan sehari-hari, itu adalah permulaan filsafat. Permulaan filsafat pada orang Yunani mempertahankan hubungan dengan apa yang hadir di sekitarnya, konsekuensinya definisi kebenaran sebagai ketepatan mewakili tidak dikenal, kebenaran merupakan pengungkapan (*a-letheia*), hal itu membuat pemikiran mereka tidak terjaga dari ketidakpastian, yaitu dapat ditanyakan. Pertanyaan bukan langkah untuk mencari jawaban dan mendapatkan pengetahuan, tetapi pertanyaan merupakan bentuk tertinggi mengetahui. Pertanyaan membuka kekuatan tertinggi untuk mengungkapkan segala hal yang esensial. Tetapi, setelah dua setengah milenium, manusia berubah menuju perkembangan, melalui teologi-kristiani hingga kemudian cara berpikir matematika-teknologi di abad moderen, membuat filsafat dan ilmu saling beradu kepastian, dan semakin menjauh dari pertanyaan esensial pada setiap bidang keilmuannya, digantikan mengikuti model yang telah teruji berdasar kekuatan pembentukan oleh manusia yang menyejarah, atau sederhananya model yang sudah diakui orang banyak (Heidegger, 2003: 5-6).

Heidegger (2003: 6) melihat hakikat filsafat terletak pada permulaan filsafat dari orang-orang Yunani. Hakikat filsafat adalah mempertanyakan (*questioning*) Ada dan membawa kepada kemungkinan keseluruhan, "Ada" artinya apa yang hadir di sekitar peneliti. Jika hakikat filsafat adalah mempertanyakan, maka seseorang harus siap bertahan tanpa penjaga di tengah ketidakpastian keseluruhan keapaan, pada titik ini ruh penelitian bersemayam, kata "ruh" bukan kepintaran kosong, maupun permainan keruntutan di dalam pikiran rasional, dan lebih khusus "ruh" bukan dunia akal; ruh adalah permulaan keselarasan seseorang dengan dirinya sendiri. Ruh (*spirit*) tidak dibentuk oleh budaya, juga bukan fakta-fakta dan nilai-nilai yang berguna; pembentukan ruh adalah kekuatan paling dalam yang dipertahankan di dalam hati seseorang sehingga menggetarkan keberadaan dirinya.

Heidegger (2003: 6-7) mengatakan jika hakikat filsafat sebagai akar ilmu terletak dalam mempertanyakan, maka filsafat harus benar-benar berani melangkah maju ke tempat berbahaya, terancam ketidakpastian tentang dunia. Sebab kecuali manusia dapat memberikan bukti konkrit bahwa manusia memiliki kekuasaan yang sama dengan tuhan, maka manusia juga makhluk terbatas, dan yang terbatas tidak dapat menghitung keseluruhan dengan jaminan kepastian atau kemutlakan. Filsafat sebagai pemimpin ilmu tidak hanya berjalan mendahului yang lain, tetapi juga harus punya keberanian untuk berjalan sendirian, bukan untuk menggenggam kekuasaan, tetapi membangkitkan pembawaan paling mendasar manusia untuk berfilsafat.

Heidegger melihat filsafat kembali kepada masa orang-orang Yunani kuno, kata Yunani bagi "filsafat" adalah *philosophia*, yang berasal dari kata *philosophos* yang pertama kali diperkenalkan heraklitus. Arti kata "*philosophos*" berasal dari kalimat "*hos philei to sophon*" atau "dia yang mencintai *sophon*," kata "*sophon*" berdasar Heraklitus diartikan sebagai semua entitas dalam adanya atau secara sederhana sebagai apa yang hadir sebagai keseluruhan (Heidegger, 1956: 47-48). Heidegger (1956: 75-76) melihat filsafat sebagai berfilsafat, artinya pembicaraan (*legein*) bersama dengan filsuf yang dialamatkan kepada Ada sebagai keseluruhan (*Being of beings*). Filsafat sebagai berfilsafat membiarkan hati kita tebuka untuk memberikan ruang untuk mendengar suara Ada sebagai keseluruhan, inilah dasar keselarasan dalam berfilsafat (*fundamental attunement of philophizing*). Heidegger (1992a: 159) sekaligus membedakan filsafat dan *sophistry* yang dilakukan *sophist*. *Sophist* merupakan orang-orang yang memiliki pengetahuan luas dan sering bertindak layaknya filsuf. Perbedaannya, *sophistry* memiliki karakter tidak memedulikan isi pembicaraan, apa isi yang dibicarakan bukan menjadi masalah utama dan yang menjadi pokok perhatian adalah menguasasi bentuk orasi dan argumen untuk mendapat perhatian khalayak umum, kata yang terucapkan untuk menguasasi khalayak adalah keahlian *sophist*

Heidegger (2001a: 19) berfilsafat dengan menghidupkan kembali pertanyaan berkaitan dari mana datangnya arti sehingga dapat mengatakan "Ada." pertanyaan ini membangkitkan hubungan antara seseorang dengan kehidupan sehari-hari, sebab di dalam kehidupan sehari-hari, jalan pemahaman segala hal yang seseorang ketahui terbentuk. Pertanyaan tersebut adalah: apa arti Ada (*question of Being*), pertanyaan ini serentak diabaikan oleh metafisika melalui cara berpikir memperhitungkan. Peneliti menafsirkan terdapat dua cara dan dua jawaban dari dua periode yang berbeda dalam menjawab pertanyaan Ada. Pertama, periode sampai penyelesaian buku *Being and Time* (1927). Heidegger di buku Being and Time menanyakan apa artinya sesuatu itu Ada (*question of Being*), atau dengan kalimat lebih sederhana, dari mana datangnya arti. Heidegger menjawab arti datang dari "*dasein*" atau kata tunggal untuk manusia, peneliti mengganti dengan kata "seseorang" agar lebih mudah dirasakan dalam bahasa Indonesia. Arti sesuatu datang dari pemahaman seseorang berdasar apa yang sudah tersedia di sekitarnya. Pemahaman dalam struktur dasar entitas sudah dikerjakan oleh orang-orang Yunani sebelum Plato yang mengalami dan menafsirkan asal kehadiran dalam kehidupan sehari-hari. Pada periode *Being and Time* arah pembentukan arti memang diarahkan kepada adanya manusia atau kurang lebih mengacu kepada filsafat manusia (Heidegger, 1994: 105-106).

Heidegger (2001a: 33) melihat arti entitas menjadi jelas ketika melihat hubungan mendasar seseorang dan entitas, terdapat tiga hal yang penting dalam pembentukan arti: keterlibatan seseorang dalam suatu konteks situasi, struktur konteks yang membentuk keberadaan seseorang, dan pemahaman diri yang memimpin jalan seseorang. Secara mendasar, *Being and Time* bertujuan mengeksplisitkan bagaimana arti sesuatu hadir bersamaan dengan keberadaan sesuatu yang familiar dalam kehidupan sehari-hari.

Periode *Being and Time* secara umum menjelaskan dari mana seseorang mendapatkan arti entitas dalam kehidupan sehari-hari menggunakan metode fenomenologi. Heidegger mengatakan filsafat mengenai Ada (*ontology*) muncul dengan menganalisa struktur keseharian seseorang dalam kehidupan sehari-hari. Permasalahan yang mungkin muncul berasal dari pengutamaan Heidegger kepada *dasein* dan pemahaman diri seseorang (*dasein existentiell*) sangat mungkin terbaca sebagai filsafat manusia ketimbang mengenai Ada. Sebagaimana Husserl membaca mengatakan bahwa Heidegger asalnya merupakan murid ilmu teologi (*theology*) sehingga Heidegger menggabungkan antara filsafat manusia dan mistisisme barat dalam membentuk apa arti Ada. Konsep mistis muncul terutama mengenai pemahaman diri (*existentiell*), terdapat dalam keterlibatan seseorang dengan lingkungan sekitar membentuk suara batin (*conscience*). Suara batin merupakan sesuatu yang memanggil potensi paling mendasar Adanya seseorang (*Being-a-self*) sehingga dapat memahami apa yang hadir ke hadapannya. Suara batin memanggil kepedulian diri seseorang ketika melihat sesuatu di sekitar dia, artinya Heidegger sedang menggabungkan pemahaman diri manusia di suatu situasi melalui suara batinnya dan arti entitas yang hadir ke hadapannya (Sheehan, 1997: 367).

Heidegger kemudian pada tahun 1936-1938 mengoreksi kembali pandangan-pandangannya dari periode *Being and Time* dalam beberapa manuskrip buku *Contribution to*

Philosophy: From Ereignis. Buku ini memberikan catatan-catatan tentang arah pemikiran Heidegger dari *Being and Time* yang berorientasi filsafat manusia menuju akar kehadiran yang disebut dengan "kejadian" ("*Ereignis*"). Heidegger mengatakan di buku *Contributions to Philosophy: From Ereignis,* salah tafsir jika seseorang menekankan *Being and Time* sebagai filsafat manusia dan filsafat moral dalam pemahaman diri (*existentiell*). Bahaya menafsirkan *Being and Time* ke arah filsafat manusia dan moral adalah melupakan sesuatu yang sebenarnya ingin Heidegger katakan yaitu apa arti Ada sebagai pengungkapan (*a-letheia*) sesuatu yang Ada di sana (*Da-sein*) dalam ruang-waktu (Heidegger, 1999b: 60-61). Heidegger menekankan pemikiran berkaitan seorang seorang manusia yang dilawankan orang-orang atau Heidegger menyebut "mereka" (*The* They) sebab keseluruhan pemikiran filsuf barat mendasarkan hasil filsafatnya untuk diterima semua orang tetapi melupakan apa yang dikatakan filsuf tersebut berdasarkan pengalaman mendasarnya bertemu dengan metafisikanya sendiri. Oleh karena itu, Heidegger berbicara menggunakan objek seorang manusia bukan bermaksud untuk menyusun filsafat manusia; tetapi, terdapat dalam diri seorang manusia berdiri sesuatu yang secara total berbeda dari filsafat manusia yaitu "kebenaran" (*"truth"*). Oleh karena itu jika telah sampai pada kebenaran sebagai pengungkapan dalam permainan bebas ruang-waktu dalam suatu kejadian (*event*) maka kita bisa meninggalkan kesalahpahaman "pemahaman diri" dan langsung menuju apa yang sebenarnya ingin Heidegger katakan yaitu arti Ada (*there is*) terdapat di dalam kejadian (*ereignis*) yang dialami seorang manusia (Heidegger, 1999b: 62).

Heidegger juga merevisi kembali pendekatan metafisika dalam buku *Being and Time* atau lebih tepatnya Heidegger merevisi kekurangan menggunakan bahasa metafisika untuk mengungkapkan isi bukan metafisika. Heidegger mengatakan waktu sebagai cakrawala transendental kehadiran entitas di sekitar kita; artinya sebuah arti entitas muncul berdasarkan waktunya. Metafisika yang artinya satu model untuk melihat segala sesuatu; Heidegger menggunakan konsep waktu untuk mewakili segala bentuk pengungkapan kehadiran entitas. Heidegger melihat *Being and Time* akan mudah dibaca dalam arah berfikir metafisika, sebab Heidegger mengatakan di dalam bab buku tersebut "waktu sebagai cakrawala transendental bagi pertanyaan arti Ada" (*time as trancendental horizon for the question of Being*). Heidegger kemudian menyadari kata "waktu" adalah kata yang dapat menunjuk kepada model berpikir metafisika sehingga dia mengembalikan kepada kata yang lebih tepat untuk arti tersebut. Maksud kata "waktu" dalam pemikiran Heidegger adalah kejadian (*ereignis*) yang hadir ke hadapan seseorang, yang dengannya seorang seseorang dapat mengartikulasi apa yang dia temui ke dalam kata-kata (Heidegger, 1999b: 58-59).

Heidegger membangkitkan hubungan dengan kehidupan sehari-hari dalam konsep utama *ereignis*. kata "*ereignis*" merupakan kata dalam bahasa Jerman bagi setiap kejadian dalam kehidupan sehari-hari. Heidegger mengatakan Ada adalah kejadian (*event*) dan kejadian merupakan kejadian aku sendiri (*my own event*) dalam pengalaman kehidupan sehari-hari. Pengalaman kehidupan sehari-hari tidak lewat begitu saja sebagai sesuatu (*thing*) atau proses (*process*) melainkan hal tersebut sebuah kejadian yang sesuai denganku dalam artian apa yang menjadi perhatian seseorang. Artinya kejadian (*ereignis*) tidak bisa dilihat secara metafisika sebab ruang pengalaman dari kejadian merupakan kejadian yang sesuai dengan apa yang dialami seorang peneliti, tetapi juga tidak hanya subjektif peneliti sebab dia sudah di dalam situasi tersebut, tetapi juga tidak pasti objektif jika berarti semua orang menerima secara valid arti kejadian tersebut, oleh karena itu kejadian bukan objek yang bisa diteliti seperti sesuatu melainkan sebuah pengungkapan kehadiran arti (Heidegger, 2008: 58-60).

Richard Polt menafsirkan *ereignis* sebagai pemikiran Heidegger yang tertinggi (*ultimate*) dan Heidegger juga menyarankan seseorang untuk hidup di dalam *ereignis*, seperti yang yang dikatakan Heidegger: "*das Ereignis ereignet*" ditafsirkan sebagai kejadian yang sesuai menyesuaikan; artinya *ereignis* memanggil seseorang untuk hidup di dalamnya. *Ereignis* paling relevan berada di dalam filsafat, sebab di dalam filsafat itu sendiri seseorang merasakan ada sebagai keseluruhan, sedangkan dalam konteks penelitian filsafat di dalam universitas, *ereignis* bisa berarti hampir apapun; artinya Heidegger mencoba mengatakan untuk dapat merasakan *ereignis* dalam sebuah penelitian filsafat dari sebuah teks filsafat, seseorang tidak dapat sekedar meniru konsep filsafat tetapi merasakan arti kata-kata dalam sebuah teks lalu membawa maju kata-kata kita sendiri untuk menanggung arti teks tersebut.

8.5. Harapan Martin Heidegger Kepada Orang-orang di Masa Depan

Heidegger (1999b: 277) mengharapkan kedatangan orang yang memiliki pemikiran terberi kepada mereka dan tetap teguh membawa pembawaan mereka, lebih jauh orang semacam ini menjaga ruh berfilsafat di hatinya. Orang yang akan datang adalah orang-orang masa depan, yang mempertahankan kesendiriannya untuk bertemu tuhan. Orang yang akan datang adalah seseorang maupun sekelompok orang yang diharapkan oleh Heidegger untuk maju bertanya untuk mengungkap kehadiran di dunia yang tanpa berusaha memperhitungkan. Heidegger (Heidegger, 1999b: 280) mengharapkan kedatangan orang yang akan datang, yaitu orang-orang yang memiliki kedekatan dengan tuhan, mereka adalah orang-orang yang pandai bersyukur dan mengakui keunikan apa yang hadir. Kehadiran sesuatu adalah hadiah khusus dari tuhan yang mana harus disyukuri dan bukan dieksploitasi

Dasar (*ground*) kehadiran orang yang akan datang adalah "pengabaian Ada" yang sudah begitu lama terjadi, dan manusia menjadi makhluk berpikir (*animal rational*) tanpa melihat kembali siapa manusia itu, orang yang akan datang adalah orang yang merasa bosan akan kesamaan yang begitu lama terjadi (Heidegger, 1999b: 277). Orang yang akan datang memiliki keterikatan dengan kesejarahan bangsanya dan memiliki pengetahuan sejarah yang kuat. Heidegger mengharapkan kehadiran orang di masa depan yang menjaga keberadaan kesejarahan bangsanya dan mencari keberadaan dirinya berdasar latar belakang tersebut, tanpa masuk dalam berpikir memperhitungkan, tetapi tetap menyadari identitas bangsanya tanpa ikut arus perubahan di dunia moderen. Pemahaman asal kesejarahan bangsanya, merupakan akar ruh (*spiritual*) yang kokoh untuk membangun dari awal siapa kemanusiaan seorang manusia, bukan berdasar akar pikir kesamaan semua manusia yang dibedakan dengan hewan dan tumbuhan sebagai hewan berpikir (Heidegger, 1999b: 279).

Orang yang akan datang adalah orang yang lebih banyak diam dalam keheningan (*reticence in silence*) dan perenung ketimbang mencari nama dan jabatan untuk dikenal manusia. Heidegger mengharapkan kehadiran seorang perenung yang menanggung kesendirian untuk bertemu dengan tuhannya, dan mempertahankan kesendirian dalam diam untuk menanggung perenungan terdalam untuk memikirkan apa yang terjadi di sekitarnya (Heidegger, 1999b: 280). Heidegger (1993b: 191-192) sudah sejak masa *Being and Time* mengharapkan kedatangan "orang yang akan datang" yaitu para perenung yang memiliki ketetapan hati (*resoluteness*), maksud "ketetapan hati" adalah keterbukaan terhadap kehadiran kemanusiaan dari manusia bukan dari apanya, melainkan siapa dia. Keterbukaan terhadap apa yang hadir ke hadapan seseorang, salah satunya terdapat di dalam seni. Terdapat kesendirian di dalam seni, yang memangkas semua ikatan dengan makhluk manusia. Semakin dalam seseorang masuk ke dalam seni, semakin terbuka pula keterbukaan terhadap apa yang hadir asli dari dirinya dan semakin jauh pula dengan alam biasa.

Peneliti menafsirkan orang yang akan datang merupakan orang yang telah membangkitkan keselarasan mendasar dengan dirinya. "Membangkitkan keselarasan dengan diri" artinya membangunkan apa yang tertidur di dalam diri untuk aktif berfilsafat, ini merupakan pembawaan asli seseorang yang dibangkitkan kembali menjadi dirnya sendiri dengan berfilsafat (Heidegger, 1995a: 66), berfilsafat menjadi kata kunci orang-orang yang akan datang untuk merasakan apa yang hadir asli dari dirinya. Kebebasan merupakan kunci berfilsafat, sebab filsafat sebagai pengungkapan keseluruhan melalui apa yang telah diketahui secara khusus. Kebebasan merupakan dasar dari kebenaran sebagai pengungkapan, pengungkapan merupakan *dasein* yang bersemayam di dalam ruh Ada dan waktu sehingga datang unik sebagai milik orang itu sendiri (*ereignis*), sesuatu yang unik dan istimewa bagi orang itu untuk memberikan tempat berteduh bagi kebenaran (Heidegger, 2002: 9-10).

Holderin adalah salah satu orang yang datang, puisinya membaca masa depan orang yang akan datang. (Heidegger, 1999b: 281). Heidegger (2000b: 52-53) melihat hakikat puisi dalam diri Holderlin membawa masa depan orang yang akan datang. Puisi Holderlin tidak lebih indah dari Homer, Sophocles, Virgil atau Dante. Kata "hakikat" yang selama ini dipahami sebagai konsep universal yang valid memeluk setiap yang khusus, selalu membuktikan untuk menjadi netral dan acuh, tapi definisi "hakikat" untuk mengatakan hakikat puisi akan gagal melihat apa yang esensial dalam puisi Holderlin. Heidegger menawarkan untuk melihat hakikat puisi secara serius dan berdiri di dalam pengaruh puisi untuk dapat merasakan ruh puisi. Puisi Holderlin bukan hal utama dari Holderlin, sebagaimana salah satu puisi dari para seniman puisi lainnya, apa yang utama dari Holderlin adalah puisinya mempertahankan keseluruhan misi puitis di dalam dirinya: membuat puisi hanya tentang hakikat puisi. Berdasarkan hal tersebut puisi Holderlin memaksa seseorang untuk melakukan perenungan diri, dan di saat yang sama mengakui kekurangan dari isi keduniaan, inilah kodrat puisi untuk merasakan kehadiran keseluruhan yang diletakkan ke dalam kata-kata puitis.

PENUTUP

Penjelajahan filosofis ini, yang bertolak dari fenomena belanja daring sebagai anomali zaman digital, tiba pada perumusan konklusi yang menggiring kita pada penyingkapan bahaya laten dalam esensi teknologi modern. Mempertimbangkan pemikiran Martin Heidegger, fenomena belanja daring menjelma sebagai pengejawantahan Pembingkaian (*Gestell*) dalam ranah konsumsi. Pembingkaian, sebagai hakikat teknologi modern, bukanlah sekadar instrumen netral, melainkan modus penyingkapan yang mengatur (*setting-upon*) realitas guna membuka kunci (*unlocks*) potensinya demi diarahkan pada keuntungan tertinggi dengan pengeluaran paling minimal (Heidegger, 1977). Dalam konteks belanja daring, Pembingkaian ini menampakkan dirinya melalui kemungkinan untuk merekayasa apa yang diperjualbelikan dan dibeli bukan lagi sebagai respons terhadap kebutuhan otentik, melainkan sebagai pemenuhan atas kebutuhan yang sengaja dikonstruksi—sebuah distorsi fundamental atas hakikat belanja itu sendiri.

Berakar pada analisis filosofis teknologi Martin Heidegger yang dibentangkan melalui studi kasus perilaku belanja daring di Kota Surabaya, tersingkaplah bahaya inheren yang mengintai di balik kemudahan digital. Bahaya ini berpuncak pada pelupaan arti sejati dari aktivitas belanja—dari pemenuhan kebutuhan mendesak menjadi pusaran hasrat konsumtif yang tak berkesudahan. Secara filosofis, pelupaan arti ini mengejawantahkan diri dalam tiga urutan bahaya yang terjalin erat dalam Pembingkaian teknologi dalam ranah konsumsi: pertama, dominasi apa yang bisa dibuat (*machination*) yang mendorong pengalaman hidup untuk senantiasa mencari dan mengonsumsi sesuatu yang baru; kedua, belanja daring menggerakkan keseluruhan (*total mobilization*) eksistensi manusia untuk secara pasif namun agresif mengonsumsi iklan; ketiga, konsekuensi akhir dari mobilisasi total ini adalah reduksi manusia itu sendiri menjadi sekadar cadangan sumber daya (*standing-reserve*) bagi mesin teknologi. Dalam cengkeraman *Gestell* ini, garis demarkasi antara pemilik modal dan konsumen menjadi kabur, sebab seluruh manusia pada dasarnya diperbudak oleh cara berpikir teknologi itu sendiri—sebuah cara berpikir memperhitungkan (*calculative thinking*) yang mengesampingkan dimensi Ada yang lebih asali.

Heidegger menunjuk akar dari cara berpikir teknologi ini pada metafisika atau esensialisme. Pemikiran metafisika, yang berupaya mencari satu nama universal (*arche*) untuk merepresentasikan keseluruhan Ada—sebuah prinsip yang diasumsikan telah ada sebelumnya dan abadi—pada dasarnya merupakan cara berpikir memperhitungkan (Heidegger, 1982). Pencarian nilai tertinggi yang dapat diakui secara universal ini adalah asal-usul pelupaan Ada (*Seinsvergessenheit*), yaitu pengabaian terhadap apa yang paling hadir di sekitar seseorang, digantikan oleh standar representasi yang homogen. Hakikat teknologi, yang berjalan seiring dengan metafisika, mengadopsi cara berpikir memperhitungkan ini, termanifestasi dalam desakan untuk senantiasa mencari jalan tercepat dan paling pasti untuk mendapatkan sesuatu. Pada titik inilah manusia, secara implisit, dipaksa untuk terus-menerus berlomba dalam perhitungan, mencari cara-cara baru yang lebih "menjanjikan" demi perolehan, hingga alpa untuk merenungkan arti esensial keberadaannya.

Menghadapi bahaya Pembingkaian dan dominasi cara berpikir memperhitungkan, Heidegger menawarkan jalan keluar melalui pembalikan radikal—dari berpikir memperhitungkan (*calculative thinking*) menuju berpikir merenung (*meditative thinking*). Berpikir merenung bukanlah upaya untuk mencapai kepastian universal yang dapat dieksplikasikan kepada khalayak, melainkan suatu aktivitas perenungan mendalam atas arti keberadaan diri di tengah pusaran *Seiendes* yang melingkupinya. Ia memungkinkan seseorang untuk merasakan artikulasi makna keseluruhan dari apa yang hadir di sekitarnya, dan berupaya menemukan kata-kata yang mampu menanggung beban ontologis dari perasaan dan pemahaman tersebut.

Implikasi praktis dari refleksi filosofis Heidegger ini, dalam konteks menghadapi Pembingkaian digital belanja daring, menggarisbawahi beberapa saran fundamental. Pertama, keniscayaan untuk menggunakan alat teknologi secara arif, sebuah kearifan yang berakar pada kemampuan membebaskan diri dari belenggu ketergantungan terhadap artefak teknologi. Kebebasan ini, atau *Gelassenheit*, memungkinkan seseorang untuk berdiam dengan tenang dalam dunia teknologi tanpa tergerus dan kehilangan jati dirinya. Kedua, krusialnya bagi setiap individu untuk mengembangkan sikap kritis melalui aktivitas bertanya yang otentik terhadap teknologi yang hadir di hadapannya—dalam kasus ini, belanja daring. Sikap bertanya ini adalah manifestasi kebajikan berpikir (*piety of thinking*) yang mencegah kesadaran diri terluluh lantak oleh arus Pembingkaian digital. Ketiga, terungkap bahwa filsafat, dalam hakikatnya yang sejati, harus berakar dari kehidupan sehari-hari. Kehidupan sehari-hari, yang seringkali menyimpan permasalahan yang mendalam dan tersembunyi di balik banalitas, menjadi lahan subur bagi filsafat. Filsafat, sebagai disiplin yang bergulat dengan hakikat, memiliki peran vital untuk terlibat secara kritis, menyingkap apa yang dapat dianggap sebagai permasalahan esensial dalam realitas keseharian. Dengan demikian, filsafat tidak melayang di menara gading, melainkan menjadi kompas yang memandu manusia dalam menghadapi Pembingkaian di era digital.

DAFTAR PUSTAKA

Baudrillard, Jean. 2002. The System of Object. London. Verso.

Bhattacharya, Asoke. 2018. Existentialism Kierkegaard Heidegger and Sartre a materialist interpretation. Sunnyvale. LAP LAMBERT academic publishing.

Borgman, Albert. 2005. "Technology" dalam A Companion to Heidegger, Dreyfus, Hubert & Wrathal, Mark (Editor), 420-432. Victoria. Blackwell Publishing Ltd.

Bungin, Burhan, Oetomo, Dede, Wignjsoebroto, Soetandya, Faisal, Sanapiah, Irianto, Yusuf, Yuwana, Setya, Ridjal, Tadjoer, Yusfadi, Harry, Irianto, Hero, Dyson, L, Santoso, Thomas, Subiakto, Henry, Ida, Rachmah. 2001a. Metodologi Penelitian Kualitatif. Jakarta. Raja Grafindo Persada.

Bungin, Burhan. 2001b. Metodologi Penelitian Sosial, Format-format Kuantitatif dan Kualitatif. Surabaya. Airlangga University press.

Bungin, Burhan. 2008. Penelitian Kualitatif: Komunikasi, Ekonomi, Kebijakan Publik, Dan Ilmu Sosial Lainnya. Jakarta. Kencana Predana Media Group.

Choi, Yun-Jung & Sohn, Sang-Hee. 2014. "Phases of Shopping Addiction Evidenced by Experiences of Compulsive Buyers" dalam Internation Journal Mental health Addiction 12:243–254.

Davis, W. Bret. 2010. Martin Heidegger Key Concepts. Wiltshire. Cromwell Press group.

Dreyfus, Hubert & Wrathall, Mark. 2005. "Martin Heidegger: An Introduction to His Thought, Work, and Life" dalam A Companion to Heidegger, Dreyfus, Hubert &Wrathal, Mark (Editor), 1-16. Victoria. Blackwell Publishing Ltd.

Edward, A. Elizabeth. 1993. "Development of a New Scale for Measuring Compulsive Buying Behaviour" dalam Journal Financial Councelling and Planning. 4(1):67-84.

Engel, F. James. 1994. Consumer Behaviour. Illinois. Dryden Press.

Graham, Frank. 2009. Exchange, Price, and Production in Hyper-inflation: Germany, 1920-1923. Alabama. Ludwig Von Mises Institute.

Heidegger, Martin. 1953. Existence And Being, Warner Brock (Editor). Texas. Gateaway publishing.

————. 1956. What is Philosophy? Jean. T. Wilde & William Kluback (Trans). New York. NCUP, Inc.

————. 1962. Kant and the Problem of Metaphysics, James S. Churcill (Trans). Indianapolis. Indiana University Press.

————. 1966. Discourse On Thinking, John M. Anderson & E. Hans Freund (Trans). New york. Harper & Row publishers.

————. 1967. What Is A Thing?, W.B. Barton, Jr. & Vera Deutsch (Trans). Indianapolis. Indiana University Press.

————. 1968. What Is called Thinking?, Fred D. Wieck and J. Glenn Gray (Trans). London. Harper Publishers.

————. 1969. Identity And Difference, Joan Stamboagh (Trans). New York. Harper & Row Publishers.

————.1971. On the Way to language, Peter D. Hertz (Trans). New York. Harper & Row Publishers.

————. 1972. On Time and Being, Joan Stamboagh (Trans). London. Harper & Row Publisher.

————. 1973. The End of Philosophy, Joan Stambaugh (Trans). New York. Harper & Row Publishers.

————. 1975. The Basics Problems Of Phenomenology, Albert Hofstadter (Trans). Indianapolis. Indiana University Press.

————. 1977. The Question Concerning Technology And Other Essays, William Lovitt (Trans). New York. Harper & Row Publishers.

————————. 1979. Nietzsche, Volume One: The Will to Power as Art , David Farrell Krell (Trans). New York. Harper & Row Publishers.
————————. 1982. Nietzsche, Volume Four: Nihilism, Frank A. Capuzzi (Trans). New York. Harper & Row Publishers.
————————. 1984a. Nietzsche, Volume Two: The Eternal Recurrence Of The Same, David Farrell Krell (Trans). New York. Harper & Row Publishers.
————————. 1984b. The Metaphysical Foundations of Logic M. Heim (Trans). Bloomington and Indianapolis. Indiana University Press.
————————. 1984c. Early Greek Thinking The Dawn Of Western Philosophy david Farrell Krell and Frank A. Capuzzi (Trans). New York. Harper & Row Publishers.
————————. 1985. History of the Concept of Time Prolegomena, T. Kisiel (Trans). Bloomington & Indianapolis. Indiana University Press.
————————. 1987. Nietzsche, Volume Three: The Will to Power as Knowledge and as Metaphysics, David Farrell Krell (Trans). New York. Harper & Row.
————————. 1992a. Plato's Sophist, Richard Rojcewitz & Andre Schuwer (Trans). Bloomington. Indiana University Press.
————————. 1992b. Parmenides, Richard Rojcewitz & Andre Schuwer (Trans). Bloomington. Indiana University Press.
————————. 1992c. The Concept Of Time, William McNeill (Trans). Oxford. Blackwell Publishers.
————————. 1993a. Basic Writing, David Farrell Krell (Editor). New York. Harpers Collins Publishers.
————————. 1993b. Basic Concepts, Gary E. Ayleworth (Trans). Bloomington & Indianapolis. Indiana University Press.
————————. 1994. Basic Question Of Philosophy: Selected "Problems" of Logic, R. Rojcewicz & A. Schuwer

(Trans). Bloomington and Indianapolis. Indiana University Press.

————.1995a. The Fundamental Concepts of Metaphysics: World, Finitude, Solitude, W. McNeill and N. Walker (Trans). Bloomington. Indiana University Press.

————.1995b. Aristotle Metaphysics Θ 1-3 On The Essence and Actuality Of Force, Walter Brogan & Peter Warneck (Trans). Bloomington. Indiana University Press.

————. 1996. Being and Time, J. Stambaugh (Trans.). Albany. State University Of New York Press.

————. 1998a. Pathmark, William Mcneill (Editor). Cambridge. Cambridge University press.

————. 1998b. Hegel's Phenomenology Of Spirit, Parvis Emad & Kenneth maly (Trans). Bloomington & Indianapolis. Indiana University Press.

————. 1999a. Ontology–The Hermeneutics of Facticity, John Van Buren (trans). Bloomington & Indianapolis. Indiana University Press.

————. 1999b. Contributions to Philosophy (From Enowning), Parvis Emad & Kenneth Maly (trans). Bloomington & Indianapolis. Indiana University Press.

————. 2000a. Introduction to Metaphysics, G. Fried & R. Polt (Trans). New Haven. Yale University Press.

————. 2000b. Elucidations of Holderlin Poetry, Keith Hoeller (Trans). New York. Humanity Books.

————. 2001a. Being and Time, John Macquarrie & Edward Robinson (Trans). Oxford. Blackwell Publishers.

————. 2001b. Phenomenological Interpretations of Aristotle, Richard Rojcewicz (Trans). Indianapolis. Indiana University Press.

————. 2001c. Poetry, Language, Thought, Richard Rojcewicz (Trans). New York. Perrenial Classic.

————. 2002. The Essence Of Human Freedom, Ted Sadler (Trans). London. Continuum.

————. 2003. Martin Heidegger Philosophical and Political Writing, Manfred Stassen (Editor). London. Continuum.
————. 2005. Sojourn, John Panteleimon Manouassakis (Trans). Albany. State University Of New York Press.
————. 2006. Mindfullness, Parvis Emad & Thomas Kalary (Trans). London. Continuum Publishing.
————. 2008. Toward The Definition of Philosophy, Ted Sadler (Trans). New York. Continuum International Publishing Group.
————. 2009. Logic as the Question Concerning the Essence of Language, Wanda Torres Gregory and Yvonne Unna (Trans). New York. State University of New York.
————. 2010a. Being and Truth, Gregory Fried & Richard Polt (Trans). Bloomington and Indianapolis. Indiana Univesity Press.
————. 2010b. Phenomenology of Intuition and Expression, Tracy Colony (Trans). New York. Continuum International Publishing Group.
————. 2010c. Logic The Question of Truth, Thomas Sheehan (Trans). Bloomington And Indianapolis. Indiana University Press.
————. 2010d. Becoming Heidegger, Burt Hopkins & John Drummond (Editor). Seattle. Noesis Press, Ltd.
Heylighen, Francis & Joslyn, Cliff. 2001. "Cybernetics and Second Order Cybernetics" dalam Encyclopedia of Physical Science & Technology, 3rd Edition. New York. Academic press.
Kaelan. 2005. Metode Penelitian Kualitatif Bidang Filsafat. Yogyakarta. Paradigma.
Kisiel, Theodore. 1995. The Genesis of Heidegger's Being and Time. California. University of california Press.
Merleau-Ponty, Maurice. 1967. The Structure of Behaviour, Alden, F Fisher (Trans). Boston. Beacon Press.

Mujiyana & Elisa, Ingge. 2013. Analisis Faktor-faktor Yang Mempengaruhi Keputusan Pembelian Via Internet Pada Toko Online dalam jurnal Online Marketing.

Ritzer, George. 2006. Mengkonsumsi Kehampaan Di Era Globalisasi, Lucinda M. Lett (Trans). Yogyakarta. Penerbitan Universitas Atma Jaya.

Safranski, Rudiger. 1998. Heidegger Between Good and Evil. London. Harvard Univesity press

Sari, Andira Chacha. Perilaku Berbelanja *Online* Di Kalangan Mahasiswa Antropologi Universitas Airlangga dalam Jurnal antropologi unair Vol.IV. No.2. 2015.

Sheehan, Thomas. 1997. "The History of the Redaction of the Encyclopaedia Britannica Article, Psychological and Transcendental Phenomenology and the Confrontation with Heidegger (1927–1931)" dalam Husserliana Collected Works. Dordrecht. The Netherlands; London, UK. Kluwer Academic Publishers.

Soedjatmiko, Haryanto. 2008. Saya Bebelanja Maka Saya Ada: Ketika Konsumsi dan Desain menjadi Gaya Hidup Konsumeris. Yogyakarta. Jalasutra.

Steinberg, Mark. 2017. "Media Mix Mobilization: Social Mobilization and Yo-Kai Watch" dalam Journal sagepub 12(3):244-258.

Sugiyono. 2007. Metode Penelitian Kuantitatif, Kualitatifdan R&D. Bandung. Alfabeta.

Tim APJII. 2020. Buletin APJII edisi 74. Jakarta. APJII.

Toffler, Alvin. 1971. Future shock. New York. Bantam Books

Van Buren, John. 1994. The Young Heidegger, Rumor of The Hidden King. Bloomington and Indianapolis. Indiana Univesity Press.

White, J. Carol. 2005. "Heidegger and The Greeks" dalam A Companion to Heidegger, Dreyfus, Hubert &Wrathal,

Mark (Editor), 121-140. Victoria. Blackwell Publishing Ltd.
Zimmerman, E. Michael. 1990. Heidegger's Cronfrontation with modernity: Technology, Politics, and Art. Indianapolis. Indiana University Press.

Sumber Internet

Data & Statistik KOMINFO, 2018, (https://statistik.kominfo.go.id/site/data?idtree=326&iddoc=1186), diakses pada tanggal 17 September 2018.

TENTANG PENULIS

Dr. Rifqi Khairul Anam, M.Si., adalah seorang akademisi yang mendedikasikan pemikirannya pada persinggungan filsafat, sosiologi, dan kondisi eksistensi manusia di era modern. Beliau meraih gelar Doktor di bidang Filsafat dari Universitas Gadjah Mada (UGM) pada tahun 2021, dengan fokus disertasi pada filsafat teknologi Martin Heidegger, yang menjadi landasan kuat bagi penelusurannya hingga kini. Sebelumnya, beliau menyelesaikan studi Sarjana dan Magister Sosiologi di Universitas Muhammadiyah Malang.

Saat ini, Beliau bekerja sebagai Dosen Pendidikan Agama Islam di Institut Ahmad Dahlan Probolinggo. Minat penelitian dan refleksi filosofis Beliau melingkupi eksistensialisme, filsafat teknologi, dan persoalan mendasar mengenai Ada (*Sein*), ketiadaan (*Nichts*), serta nasib *Dasein* di tengah tantangan zaman, termasuk pelupaan Ada (*Seinsvergessenheit*) dan dominasi berpikir kalkulatif.

Buku ini merupakan salah satu kontribusi Beliau dalam meretas jalan pemahaman otentik di tengah epos teknologi, melanjutkan pergulatan filosofis yang telah Beliau tekuni selama bertahun-tahun dan termanifestasi dalam berbagai publikasi, termasuk buku *The Abyss And The Ascent*.

www.ingramcontent.com/pod-product-compliance
Lightning Source LLC
LaVergne TN
LVHW040432051026
849517LV00002B/575
* 9 7 9 8 2 3 1 2 1 0 0 7 7 *